José María Ramos Mejía

Las multitudes argentinas

Barcelona **2024**
Linkgua-ediciones.com

Créditos

Título original: Las multitudes argentinas.

© 2024, Red ediciones S.L.

e-mail: info@linkgua-ediciones.com

Diseño de cubierta: Michel Mallard.

ISBN rústica: 978-84-9007-691-0.
ISBN ebook: 978-84-9007-389-6.

Sumario

Brevísima presentación

La vida

José María Ramos Mejía (Buenos Aires, 1849-1914). Argentina. Historiador, sociólogo y psiquiatra, nació en Buenos Aires en 1849, hijo del coronel Matías Ramos Mejía y Francisca Madero; y creció en la estancia familiar durante la dictadura de Rosas.

Ramos estudió medicina, promoviendo cambios en los estándares académicos y se graduó en 1879, con una tesis titulada *Apuntes clínicos sobre traumatismo cerebral*. Por entonces trabajó en la Universidad de Buenos Aires, y dirigió la recién creada cátedra de patología nerviosa en 1887. Allí estudió las patologías mentales, siendo considerado uno de los primeros investigadores argentinos de la psiquiatría. Ramos fue asimismo vicepresidente de la comisión municipal de Buenos Aires en 1882, primer director de la Asistencia pública en 1883, jefe del Departamento nacional de higiene entre 1893 y 1899, y presidente del Consejo nacional de educación.

Su primer libro *La neurosis de los hombres destacados de la historia de la Argentina*, fue publicado en 1887, e influyó historiadores como José Ingenieros, Lucio López y Luis Agote.

Entre sus obras destacan *La neurosis de los hombres célebres en la historia* (1878), una serie de biografías psicológicas en las que analiza los cimientos científicos de la neurosis; *Las multitudes argentinas* (1899); *Los simuladores de talento* (1905) y *La locura en la historia* (1905).

Como historiador, Ramos rechazó analizar la historia a través de las elites o personas clave, y se centró en los grupos sociales. Ramos incluyó el análisis frenológico de los pueblos históricos, como parte de una tendencia de los historiadores positivistas que combinaban la historia y la ciencia.

Prefacio del autor

Este libro es la introducción de otro titulado *Rosas y su tiempo*. Pienso que, para conocer a fondo la tiranía, es menester estudiar las muchedumbres de donde salió, como para comprender a estas, preciso es también tomarlas de cuerpo entero, es decir, estudiarlas desde que se delinean en la Colonia y el Virreinato hasta nuestros días, que cobran un nuevo aspecto. Esta es la razón de los dos capítulos finales, complemento necesario para conseguir la impresión de conjunto. Mirando con esa amplitud el tan decantado período de nuestra breve historia política, la visión mental periférica adquiere más ancho diámetro, y al abarcarlo tan de bulto, ese hecho trascendental en los anales del Río de la Plata, obtiene el relieve de una percepción estereoscópica, tomando su ubicación lógica y su natural función en la histórica de nuestro desenvolvimiento político. La función de la plebe argentina es tan importante como vaga y oscura todavía. La hemos condenado sin oírla, mal aconsejados por ese antropomorfismo histórico-político, que nos obliga a asimilar a una persona o figura histórica exclusivamente, las fuerzas ciegas que discurren en las entrañas de la sociedad y que cumplen su destino sin odios ni cariños. Que haya colaborado o producido hechos condenables, no quiere decir que fuera menos eficaz como agente de remotos beneficios en la economía de este organismo; que no por ser social o político deja de tener, como todos, una fisiología, en la que los agentes tóxicos que guarda en su seno, si bien producen acciones nocivas, dejan, a veces, detrás, un beneficio que se aprecia más tarde. Habría que decir como Shakespeare en su Enrique V: «There is some soul of goodness in things evil, would men observingly distil it out», etc. El virus que destruye y mata es susceptible de curar, y la enfermedad, que consume a los organismos valetudinarios puede despertar en los tejidos vigorosos la vida que dormita en la inercia de un intercambio lento y apocado por la falta de naturales estímulos. Como ya lo ha dicho la Fisiología: favorables o nocivos, según la circunstancia de su empleo, medicamentos o venenos, según las dosis, tal es la función de los virus conocidos, tal es también, como trataremos de demostrarlo, la de las multitudes en la historia del Río de la Plata.

Capítulo I. Biología de la multitud

El estudio de la multitud en la historia de América, y particularmente en la del Río de la Plata, está aún por realizarse, y sería curioso determinar con la exactitud posible, cuál ha sido su papel en el desarrollo de nuestro organismo político, es decir, estudiar su biología, como ahora se dice, tratándose de la vida y desenvolvimiento de lo infinitamente pequeño.

La multitud, como entidad social o política, es de antigua data, aun cuando diga Le Bon que apenas hemos entrado en la era de las turbas, ya que antes, según él, solo se constituían en las horas de crisis. Posiblemente en otros pueblos no tuvieron el influjo que parecen tener hoy, que es la época de las influencias colectivas; pero si se estudia la historia, rastreando sus pasos en los acontecimientos más culminantes, se verá que su influjo está muy lejos de ser despreciable.

Por lo que a nosotros toca, hemos vivido creyendo más en la acción personal de los grandes hombres, que en la de las multitudes, cuyo perfil, por cierto bien vago y difuso en nuestros libros y leyendas, apenas se dibuja en las raras obras de algunos historiadores; sin embargo, de que en ciertas épocas, como en los primeros días del período revolucionario, fue soberana y omnipotente. Como dice Carlyle, no siempre la relación de lo que el hombre ha verificado aquí abajo, es la historia de los grandes hombres.[1]

Buscando en las crónicas e historias la acción de la multitud, verémosla ejercer su influencia desde que comienza en el Río de la Plata la organización de la sociedad hasta pisar los tiempos modernos. Tres puntos hay allí que estudiar con respecto a su fisiología: 1.º la multitud en sí, su organización, composición y papel en los diversos acontecimientos; 2.º los hombres que proceden de ella, y son en toda su psicología, su expresión genuina, una proyección individual de su alma y de su genio; 3.º los dominadores de la multitud, los que, surgidos o no de ella, han tenido calidades de cierto orden que les ha permitido dominarlas, dirigirlas y, a veces, transformarlas.

En determinadas circunstancias, una reunión de hombres posee caracteres nuevos y distintos de los que individual y aisladamente tiene cada uno de ellos. Por una especie de abdicación de la personalidad consciente que

---

1   Carlyle, *On Heroes, Hero-Worship, and the Heroic in History*, 1840, lectura 1, pág. 1, edición popular.

desaparece, diremos así, diluida y transformada, los sentimientos y las ideas de todos tienden a ponerse a un mismo nivel y diapasón, a caminar en una misma dirección, de tal manera que su organizado conjunto llega a constituir lo que se ha llamado el alma de la multitud, el alma colectiva, que, aunque transitoria, presenta caracteres bien netos y precisos. Cuando esto sucede, la colectividad se convierte en lo que, a falta de expresión mejor, el lenguaje corriente ha clasificado de turba o muchedumbre organizada, multitud psicológica, formando un solo ser sujeto a la ya conocida ley de la unidad mental de las muchedumbres.[2] Cualesquiera que sean los individuos que la componen, generalmente de una misma organización mental, parecidos o no entre sí, por el género de vida que lleven, su carácter o su inteligencia, por el hecho solo de estar transformados en multitud, adquieren esa alma colectiva que los hace pensar, sentir y obrar de una manera diferente de la que pensaría y obrarían aisladamente. Hay sentimientos e ideas que no surgen o que no se transforman en acto sino en los individuos organizados así. La multitud es un ser relativamente provisional, constituido de elementos heterogéneos en cierto sentido, que por un instante se sueldan, como las células cuando constituyen un cuerpo vivo y forman al reunirse, un ser nuevo y distinto.

Hay en realidad una verdadera acomodación psíquica, lo que explica la distinta situación moral del individuo después que ha salido del encantamiento del contagio y de la sugestión que experimentaba dentro de esa prisión moral; si bien ciertas facultades están destruidas o disminuidas, otras se hallan exaltadas en un grado que rara vez se encuentra en el individuo aislado, lo que le permite lanzarse a cualquier acto con una impetuosidad que él mismo desconoce después que torna a su modesta situación de hombre común. Impetuosidad que, como se ha dicho, es más irresistible en las muchedumbres que en el sujeto, porque siendo la sugestión igual para todos, se exagera al hacerse recíproca. Por la sola circunstancia de formar parte de aquellas, el hombre desciende, a veces, muchos grados en la escala de la civilización. En tal caso, no debéis buscar ni inteligencia, ni razón, ni nada que tenga algo que ver con el quieto y sereno raciocinio, que es el privilegio del hombre reflexivo: es puro instinto, impulso vivo y agresivo,

---

2   Gustave Le Bon, *Psychologie des foules*, París, F. Alcan, 1895.

casi animalidad; por eso es, en ocasiones, generoso y heroico, pero más a menudo brutal y sensitivo.

Si el hombre moderno de las sociedades europeas, que aislado es culto y moderado, se muestra tan bárbaro cuando constituye muchedumbre, ya os imagináis cómo serían las multitudes americanas formadas por ese elemento más instintivo y violento, más sujeto a los entusiasmos y a los heroísmos de los seres primitivos. Si la muchedumbre europea es tan impresionable y sensorial, tan imaginativa, hasta dejarse frecuentemente arrastrar a la verificación de actos contra sus propios intereses y sus hábitos conocidos, ¡qué no serían estas nuestras informes colectividades, sin el secreto freno de la fuerza de inercia que da la civilización acumulada inconscientemente en el cerebro! Todos los que, con más o menos igual estructura, se sienten dominados por una misma idea o sentimiento, tienden a juntarse arrastrados hacia un mismo lugar, hasta a una misma calle, como si la automática orientación del impulso los gobernara; a proferir las mismas palabras, y lo que es aún más curioso, hasta afectar iguales actitudes, verificar gestos parecidos, cual si un hilo eléctrico uniera los músculos de todos los rostros. La emoción provoca el automatismo. Bajo la influencia de un estado de ánimo penoso o alegre, la actitud del cuerpo se modifica y tiende generalmente a ponerse en flexión, en el primer caso, y en extensión en el segundo. Los músculos del rostro, que son los que están más próximos a los centros nerviosos cerebrales, y que por este hecho reciben rápidamente el influjo, son los más expresivos en su automatismo.[3]

Basta para comprobarlo analizar las fisonomías de las personas fotografiadas instantáneamente, cuando constituyen muchedumbre, y cuando la emoción de un hecho inesperado las sorprende. Se comprueba por ese medio que los mismos músculos de la cara funcionan al propio tiempo, en el mismo décimo de segundo, en todos los espectadores de una gran multitud sujetos a análogas emociones y aun a pesar de su visible heterogeneidad.[4]

El automatismo provocado por las emociones vivas es más o menos acentuado, según el grado del desenvolvimiento mental, y necesariamente de

---

3   M. Ph. Tissieu, *La fatigue chez les débiles nerveux.*
4   Edouard Cuyer, *Expressions de la physionomie.*

su perfeccionamiento nervioso. La vida refleja es el privilegio, si así puede llamarse, de los cerebros primitivos y elementales.

Bajo la acción de un proceso psicológico cualquiera, un número dado de individuos que tengan igual predisposición, experimenta el mismo impulso; una misma idea surge, inesperada al parecer, un mismo sentimiento les conmueve la sensibilidad, llevándolos en parecidas direcciones.

Producido un hecho político o social, grande o pequeño, se sienten solicitados por una secreta tendencia a buscarse para sentir y moverse en común, como si el uno necesitara del complemento del otro; moléculas dispersas antes y que, por obra de esa muchas veces insignificante conmoción, van rápidamente a confundirse en virtud de la inexplicada y misteriosa afinidad que hace tantas cosas grandes en el orden orgánico de la vida. Consumida la fuerza acumulada en sus receptáculos motores y sensitivos, o llenado el propósito que los unía, el encanto se rompe, la separación se opera, y los que antes habían sido casi hermanos se miran con indiferencia al día siguiente, o se rechazan, como si se sorprendieran de haberse visto alguna vez unidos por cualquier lazo. No hay más vínculo entre ellos que el transitorio, aunque vigoroso, que los ha juntado en la comunidad del impulso general y que los puede llevar hasta el heroísmo o hasta el crimen, cuando conservan la cohesión y resistencia, que es la dureza en los cuerpos. Por peculiares motivos de organización mental, ese grupo de personas se siente más conmovido que otro por el prurito de la acción; posee una mayor tendencia a transformar en movimiento una idea; las cosas morales, lo encuentran más susceptible, y el menor acontecimiento, el más leve rumor, que a otros halla indiferentes, lo arroja a él en la vivísima procuración del sonámbulo motor. Constituyen los principales núcleos de la multitud: los sensitivos, los neuróticos, los individuos cuyos nervios solo necesitan que la sensación les roce apenas la superficie, para vibrar en un prolongado gemido de dolor o en la vigorosa impulsividad, que es la característica de todas las muchedumbres.

Por eso estas son impresionables y veleidosas como las mujeres apasionadas, puro inconsciente; fogosas, pero llenas de luz fugaz; amantes ante todo de la sensación violenta, del color vivo, de la música ruidosa, del hombre bello y de las grandes estaturas; porque la multitud es sensual, arreba-

14

tada y llena de lujuria para el placer de los sentidos. No raciocina, siente. Es poco inteligente, razona mal, pero imagina mucho y deforme; todo lo quiere grande, ampuloso, porque vive en un perpetuo gongorismo moral, ampliando y magnificándolo todo en proporciones megalomaníacas. Enamorada de la leyenda de cuyo color vive, todo se convierte entre sus manos en cuento de hadas o en fantasías vesánicas; no porque tenga una sensibilidad artística o facultades estéticas exigentes, sino porque careciendo del contrapeso de las funciones superiores del espíritu, todo lo entrega a la sensación y a la tendencia de supersticiosa grandeza, en el sentido bajo de extensión y superficie, que es lo que concibe su imaginación susceptible.

La ilusión, que es la gran deformadora de las cosas, y la alucinación, que es capaz de crear mundos de la nada, aun en el cerebro más palurdo, son a menudo el recipiente en que terminan sus exaltaciones peculiares. Lo que toma entre sus dedos es para achatarlo, estirarlo, deformarlo; por eso veis que de un clavo es capaz de hacer una espada, de una escoba una cruz, y de un vulgar canturriador un Macías enamorado y doliente. Cuenta Stendhal en su libro *L'Amour*, que en las minas de sal de Salzburgo, los muchachos arrojan en las profundidades de los socavones la rama de un árbol deshojado por el invierno; dos o tres meses después la retira cubierta de cristalizaciones brillantes, como si algún artista misterioso hubiera transformado aquel palo inerte en feérica fantasía. ¿No encontráis viva analogía en el trabajo de cristalización y arborescencia brillante que produce algunas veces la muchedumbre sobre la pobre rama de la mediocridad y de la inepcia? ¿En las propiedades y virtudes que atribuye al tartufo, en el ropaje de brillantes colores con que viste los cuerpos desnudos y maculados? ¿En este arte, en fin, con que coloca coronas en cabezas que han usado sombrero, lujosas armaduras en cuerpos osteomalásicos que solo han llevado harapos o raídas levitas? Yo tengo mi teoría respecto de la composición de la multitud. Me parece que se necesitan especiales aptitudes morales e intelectuales, una peculiar estructura para alinearse en sus filas, para identificarse con ella, sobre todo. Difiero en eso de Le Bon y de otros, que piensan que puede constituirla aquel señor Todo-el-Mundo de que hablaba Bonet, cualquiera que sea su composición cerebral. Es cierto que en determinados casos sucede, pero por lo que a nosotros respecta, la regla general es que esté constituida por individuos anónimos; sin que esto quiera decir que en contados casos, personas de cierto nivel, convertidas en multitud, no obrasen como tal, según se verá en el curso de este estudio. Individuos sin nombre representativo en ningún sentido, sin fisonomía moral propia: el número de la sala de hospital, el hombre de la designación usual en la milicia, ese es su elemento. El verdadero hombre de la multitud, ha sido entre nosotros, el individuo humilde, de conciencia equívoca, de inteligencia vaga y poco aguda, de sistema nervioso relativamente rudimentario e ineducado, que percibe por el sentimiento, que piensa con el corazón y a veces con el vientre: en suma el hombre cuya mentalidad superior evoluciona lentamente, quedando reducida su vida cerebral a las facultades sensitivas. Un hombre instruido, es decir, que ha almacenado instrucción, puede permanecer hombre de la multitud toda su vida si no ha tenido fuerzas internas para evolucionar. Se ha quedado exclusivamente sensitivo, y sensitivo grosso modo, que no hay que confundir con el sensitivo en el sentido artístico, que es sinónimo de delicadeza, de rapidez y sutilidad de percepción, y de regularidad de intercambio con los aparatos de arriba.

Para que haya multitud, es menester que exista, pues, comunidad de estructura, cierta facilidad de contagio, favorecida por analogías fisiológicas, cierta inminencia moral, para que producida una impresión, todos la reciban con igual intensidad y trascendencia. Tal es la razón por la cual se observa que, sin necesidad de contacto material, se establece entre sus componentes la rápida uniformidad, el análogo y general impulso que los reúne y, como dije ya, los lleva a la acción, en una dirección común a un mismo punto, y tal vez, sin sospecharlo, por el mismo camino. Ahora, cuando en un ambiente propicio hay contacto material, roce de sus valencias morales, entonces su fuerza de expansión estalla como una mezcla explosiva, y la multitud se organiza más formidable y amenazadora. Tiene así la homogeneidad de una orquesta: de todas esas voces reunidas, con sus timbres diferentes sin significación particular, «surge la voz de un solo ser que canta su sentimiento y que truena su pasión vibrante o su odio agresivo».

¿Por qué la multitud será alternativamente bárbara o heroica, sanguinaria o piadosa a la vez? ¿Por qué una misma muchedumbre, y en virtud de qué causas que [se] nos escapan, es aquí temeraria y arrojada, allá pusilánime y cobarde...? Debe pasar en ella algo de lo que acontece en los cuerpos: que sus propiedades resultan de la arquitectura de las moléculas: disimetrías morales, análogas a las moleculares descubiertas por Pasteur. Los ácidos tártricos, para tomar el primer ejemplo que viene a la pluma, son cuatro; todos poseen iguales propiedades químicas y físicas, los productos de descomposición y la estructura son completamente idénticos, y sin embargo, uno desvía la luz polarizada a la derecha, otro hacia la izquierda, el tercero es inactivo, pero puede desdoblarse en los dos primeros, y el último también es inactivo y no puede desdoblarse. Le Bel y Van 't Hoff explicaron el hecho con precisión diciendo que las disimetrías de las sustancias dependían de la diversa colocación de los átomos que constituyen sus moléculas.

Los hombres también se combinan para formar la multitud, como las moléculas para constituir los cuerpos. Existe, indudablemente, una atomicidad moral, como la capacidad de saturación de los átomos que limita sus valencias. Hay hombres de poca afinidad, que viven, o como el águila lejos de la tierra, o como un misántropo lejos de la sociedad: no se refunden o asocian con nadie, o lo hacen con muy pocos; su atomicidad es escasa, porque se saturan pronto. Las últimas partículas de los cuerpos, que llamamos átomos, no tienen todas el mismo valor de combinación; un átomo de potasio, por ejemplo, se une a uno de cloro, para formar un cloruro; uno de plomo toma dos de cloro; y uno de antimonio toma tres y puede tomar hasta cinco. Esta aptitud diversa que presentan los cuerpos simples para formar combinaciones más o menos complejas con otro cuerpo simple, y que debe ser considerada como una propiedad particular, la tienen los hombres entre sí para atraerse y asociarse de cierta peculiar manera.

A ese hombre de las multitudes deberíamos más bien llamarle el hombre-carbono, porque en el orden político o social desempeña, por su fuerza de afinidad, las funciones de aquel en la mecánica de los cuerpos orgánicos. La afinidad del carbono por su congénere, tal es la causa de la variedad infinita, de la multitud inmensa de transformaciones del carbono, como la del hombre por sus iguales, para formar simples grupos unas veces, verdaderas multitudes, otras. Nadie posee como él la facultad matriz del elemento carbono, esa facultad que tienen sus átomos de unirse y remacharse los unos a los otros, para engendrar organismos tan variables en su forma, en sus dimensiones, en su solidez.[5] El calor de la pasión, la irritabilidad que despierta un sentimiento herido, el ardiente estímulo de la lucha, aumentan su afinidad y las valencias del contagio, como un flujo de chispas eléctricas o el efluvio de la descarga oscura puede determinar combinaciones entre átomos que permanecen sin acción los unos sobre los otros, en las condiciones ordinarias.

Esa es, en brevísimo resumen, la fisonomía de la multitud. Más adelante haremos ampliaciones que son indispensables y que completarán su interesante biología.

---

5   A. Wurtz, *La théorie atomique*, 1879.

Capítulo II. El hombre de las multitudes durante el virreinato

Del esfuerzo aislado y anónimo, va a surgir por suave evolución, durante el Virreinato, la multitud, entidad colectiva, y de ella los ejércitos de la Independencia, y el pueblo de la futura república; como del reptil salió el pájaro altivo en las edades remotas de la vida, el noble caballo del hipparion de tres dedos y éste, a su vez, del deforme arquiterium.

Habría que hacer, y sería sugestiva, una historia de los encadenamientos políticos y sociales, como existe ya de los encadenamientos animales, que Albert Gaudri ha demostrado entre los mamíferos de los tiempos geológicos y los de nuestros días; por ese mismo procedimiento veríamos cómo surgen las grandes ideas, a veces de un sencillo sentimiento que en el principio de la vida, apenas si es simple superstición en la conciencia del pueblo primitivo.

La idea de la independencia no nació en la mente como una inspiración o una sorpresa; esas cosas no caen inesperadamente como un aerolito. Un período más o menos largo de acomodación orgánica precede a la completa evolución de eso que, como era lógico, fue un sentimiento más que una idea, si se tiene presente el bajo nivel de cultura de los pueblos. Hasta que la multitud no toma cuerpo, no tiene conciencia de lo que la agita: es un simple prurito de moverse sin orientación fija, de ir contra alguien, de gritar, de hablar, de protestar como si la empujaran de adentro. Mientras la inteligencia duerme, los centros motores parecen irritados. Para pintar su situación moral, me viene el recuerdo de algo parecido a los primeros tiempos de la concepción de una primípara: conciencia confusa de lo que pasa en su ser, ausencia de un sentimiento claro de los fenómenos profundos que se operan en las entrañas, acompañados del vago malestar que anuncia cambios, aspiraciones y deseos exóticos en su índole.

De cuando en cuando estalla, y un levantamiento aislado interrumpe el silencio del Virreinato. ¿Qué quiere?... ¿Independencia? No. Apenas fustigar a los alcaldes y corregidores, estirar esa musculatura que va engrosando demasiado, y luego retirarse tranquilamente a su escondite a continuar la oscura labor, el trabajo anónimo y monótono con que enriquece las cajas del Estado y satisface a medias la voracidad de los encomenderos. La multitud, en un principio, no hace sino perfilarse, moviendo sus miembros dispersos, ensayando sus fuerzas en la inocencia de todos esos tumultos, asonadas locales sin trascendencia, y por los motivos fútiles que la inducen. El pretexto es un escándalo social, la reposición de un cura que no ha solicitado su ayuda, la antipatía platónica a un corregidor, o un motín de estudiantes que conmueve a la docta Chuquisaca; pero en realidad la causa es otra; el pensamiento se va nutriendo, y como las facultades de investigación son escasas en la infancia, cualquiera idea o sentimiento tiende inmediatamente a transformarse en acto: la niñez es bulliciosa y obedece sin saberlo, aun en sus juegos más inocentes, a ideas o sentimientos larvales que van dibujando tendencias definitivas. La muchedumbre que apedrea en 1795 las ventanas del fiscal Escovedo, en Arequipa, cediendo a un sentimiento de burla, es incoherente todavía; apenas si es turba más que multitud. Sin embargo, obedece a ese vivísimo impulso que produce sentimientos en formación, pero todavía demasiado embrionarios para llegar a la conciencia y determinar estados de ánimos definitivos.

Ningún caudillo la incita; es anónima y acéfala todavía. Sola se va formando, sola crece por el propio movimiento de su nutrición, que tiende a hacerse voraz, hasta que por la asociación de los elementos dispersos, que discurren todavía aislados, surja el alma definitiva. En los primeros tiempos es masa informe, aunque palpitante de vida, como el excelso Sarcode de Oken o el Bathybius hoeckeliano, de tan sensacional aparición y que representaba, según el autor de la *Creación natural*, la aurora de la vida orgánica.

Cuando los necesite creará sus ídolos o sus *meneurs*, con ese colosal poder de ilusión y de fecundidad deformativa que le conocéis.

Pero antes de ser entidad colectiva, se le ve ser individuo aislado, que una que otra vez se organiza en grupo primero y luego en turba amorfa. Comienza a manifestarse bajo una forma, por cierto digna de estudio, ese hombre de la multitud, especie de encarnación de un pensamiento creador, como diría el místico de Luis Agassiz; y experimenta en su camino avatares interesantes por muchos conceptos. En su estado primitivo es brujo, adivino, embaucador, fraile apóstata y libre-pensador. Ese es su origen, la unidad; como quien diría la célula primera, el grumo aislado de protoplasma. Un rasgo moral que constituye su carácter peculiar indestructible se abre paso entre las sombras de su personalidad brumosa: es siempre protestante con-

20

tra toda autoridad, es heterodoxo político y religioso a su modo, es sin variar independiente e insurrecto.

Individuos aislados, pululan abundantemente en los pueblecitos miserables de indios y mestizos; en el Alto y Bajo Perú y en la Argentina. La Inquisición de Lima los persigue tenazmente con el fuego y el tormento. Pero ellos le resisten con su audacia de ignorantes, su analgesia de primitivos y, como si los animara la confusa visión de un porvenir remoto mucho mejor, continúan su extraña contumacia.

Los embaucadores e iluminados, que abundan allí donde el candor y la credulidad proverbial de las masas primitivas les sirve de limo fecundo, irritan la imaginación, aguzan el temperamento impresionable y dan a los nervios de aquellos hombres coloniales una susceptibilidad que favorece la recíproca sugestión. El ejercicio de una común sensibilidad y de un isocronismo intelectual acentuado, aunque modesto, constituirá más tarde el alma de la insurrección. Tomemos entre la turba de nombres propios, los más sugestivos que traen los Anales de la Inquisición de Lima y veremos cómo andaba de revuelo el ánimo en aquellos días. La Petrona Saavedra, mestiza de Huancavélica, que se dice enviada de Luzbel, y que llena con sus anécdotas la constante atención de lugares y caseríos, conjuntamente con los sortilegios de Feliciana Canale, natural del Tucumán, los de la mestiza doña Catalina de la Torre y la nueva religión de don José de la Cruz y Coca, marqués de Saavedra,[6] dan una idea del estado de la imaginación popular. Vagamente sospechan todos, la sujeción espiritual o temporal y van contra ella por instinto, como contra un fantasma. Aunque por medios disparatados, y con la forma extravagante de la brujería y de la nigromancia, realizan tal vez su obra de precursores grotescos.

Esa ambulante pululación de hechiceros, astrólogos, judiciarios, nigrománticos, casi todos nativos, contribuía de un modo evidente a exaltar el alma de las poblaciones. Por cierto que es extraordinario el número de individuos de esta clase que castigó la Inquisición del Perú; se cuentan por cientos, y es digno de notarse que a la par que hablaban de cuentos de amor y hacían sus hechizos, encantamientos y «cercos eróticos», en sus

---

6   José Toribio Medina, *Historia del Tribunal del Santo Oficio de la Inquisición de Lima* 1569-1820, tomo 2, pág. 38.

sortilegios mezclaban incitaciones a la desobediencia, y tendían a despertar en la plebe el sentimiento de una suficiencia profética de fuerzas, toda vez que bastábales invocar al diablo, o a algún santo de su devoción, para salir airosos de sus escabrosas aventuras.

Cualquiera que fuera su estupidez, poseían con todo, cierto espíritu audaz de independencia, porque hacían a sabiendas cosas expresamente prohibidas y brutalmente castigadas por el Santo Oficio; se burlaban de él, y retenían con insolencia sugestiva y «audacia sin igual», todos «los tratados, índices, cartapacios, memoriales y papeles impresos o de mano que trataran de cualquier manera de estas ciencias».[7] Muchas personas, decía el terrible edicto de la Inquisición de Lima del año 1659, «menospreciando las penas y censuras de los dichos edictos y catálogos, retienen dichos libros y papeles, lo que es causa a que crezcan estos excesos y el atrevimiento y audacia de las dichas personas».[8] A pesar de la amenaza del tormento y de la hoguera, cuya aplicación seguía en aumento, y de la excomunión mayor *tatae sentetniae trina canonica monitione praemisa*, los rebeldes aumentaban, y en ciertas épocas la herejía queda reducida a las prácticas de esta extraña resistencia al poder religioso y temporal establecido.[9]

Y lo sugestivo que tiene ese hecho es que era el arriero el héroe de tan bizarras aventuras, o el marinero, el soldado, el vecino oscuro, el humilde fraile, cuando más, que encarnaba eso que podríamos llamar espíritu de rebeldía, con una insistencia creciente que se multiplica y difunde como el contagio epidémico, o como la mancha de aceite, para recordar una vulgar comparación, pero más pintoresca. Sorprende el desparpajo y la incredulidad con que ese hombre anónimo y oscuro trata las cosas más graves del dogma. Allí no más, a las barbas del inquisidor, cebado en el perfume del quemadero, se le dice a un vendedor ambulante de imágenes: mostradme acá esas bellaquerías,[10] y se coloca alrededor de una carta de excomunión, una sarta de estiércol a la puerta misma de la catedral.[11]

---

7   Medina, *Historia de la Inquisición de Lima*, tomo 2.º, pág. 38.
8   Medina, *Op. Cit.*, tomo 2.º, pág. 39.
9   Véase: *Historia de Valparaíso*. Crónica política, comercial y pintoresca, etc., por B. Vicuña Mackenna, tomo 1.º, *Historia de Santiago*, tomo 1.º; Lozano, *Historia del Paraguay*, etc.
10   Medina, *Op. Cit.*, tomo 2.º, pág. 48.
11   Medina, *Op. Cit.*, tomo 2.º, pág. 48.

¡Cómo han cambiado los tiempos! exclama alarmado el inquisidor Antonio Gutiérrez de Ulloa en carta que escribe al virrey. Palabras «malsonantes dichas con demasiada libertad» vibran con sospechosa frecuencia a sus oídos, y un venticello acentuado de libertad espiritual viene de aquel diabólico Río de la Plata, «patria de herejes y judaizantes».[12] De repente ese espíritu de rebelión se amortigua o se interrumpe, y como uno de esos hilos de agua cristalina que discurren por la pendiente y que luego de ocultarse penetrando en el corazón de la montaña surgen de nuevo inesperados pero más anchos y voluminosos, así parece que en el curso de los siglos entrara aquél en la tierra patria a recibir sus fluidos jugosos y brotar a la superficie para no perderse jamás. Pedro Ferreyra, un vil arriero anónimo, tan ignorante como supondréis, dice y lo sostiene en el tormento, «que el estado de los casados es el más perfecto, y que se limpiaría el culo con las excomuniones» (textual).[13] Luis Fragoso es otro protestante, confitero, «testimoniado de que impedía a sus dependientes que fueran a misa». Otro desconocido dice de un fraile enfermo: «mas que se muera y que se lo lleve el diablo a él y a cuanto fraile hay en el mundo: para qué son frailes que no son menester».

Una mestiza, natural de Potosí, protesta ante el Santo Oficio «que violar el sexto mandamiento no es pecado»; un soldado, mestizo también (porque son todos nativos los revoltosos), proclama que no hay Dios, porque si hubiera Dios, etc., etc.;[14] el llamado Juárez de Ávila, de igual condición social es «testificado ante el Santo Oficio de ciertas palabras que dixo en menosprecio de la excomunión y censura de la Iglesia»,[15] y por fin, ya no es posible vaciar aquí los Anales del Santo Oficio de Lima, que están repletos de casos análogos, terminaremos la lista con el de Diego Arenas, un labrador, a quien habiéndole pedido el párroco su cédula de excomunión, so pena de poner su nombre en la tablilla de los excomulgados, dijo «que eso no le daba tres cuartos o tres castañetas».[16]

---

12 Véase: *Historia de la Inquisición del Perú*; Funes, *Historia del Tucumán*, etc., etc.; F. Ramos Mejía, *La evolución argentina*, págs. 25 y sigs.
13 Medina, *Historia de la Inquisición de Lima*, tomo 1.º, pág. 10.
14 Medina, *Historia de la Inquisición de Lima*, tomo 1.º, pág. 34.
15 Medina, *Op. Cit.*, tomo 1.º, pág. 40.
16 Medina, *Op. Cit.*, tomo 1.º, pág. 49.

Ese pequeño esfuerzo se pierde en las sombras de su modestia, pero es semilla fecunda: es el microscópico protozoario, que unido a otros muchos constituye en la sucesión de los tiempos geológicos, las inmensas montañas, cuyo origen conmovió tanto la discreta serenidad de los geólogos y de los naturalistas de otro tiempo. El hombre de la multitud, no por aparecer tan aislado en ese período histórico, tiene menos importancia que ese grano de trigo, de cuya multiplicación ¡cuántas veces no depende la paz y el bienestar de las naciones! Tenía como él en su seno diminuto el elixir fecundo de la vida, el secreto de prolongarla, por lo menos, con el concurso de algo análogo a las fuerzas que lleva aquél al organismo.

Es el espíritu de rebelión, confuso y oscuro todavía, que se deja sentir en esa forma indeterminada en el alma de la muchedumbre, niña aún. Nadie habla, ni en sueños siquiera, de la independencia política, idea muy remota en la mente todavía sumisa de la plebe. Pero el espíritu, por ese medio, se va habituando a la lucha, adquiere agilidades para moverse y aprende a tomar la allure desenvuelta de la libertad. Es como la primera faz de la idea de la independencia, que ellos mismos no saben que llevan en su seno al estado de ovulaciones, esperando que el tiempo, segura incubadora de las ideas, acabe su obra. Hoy es en forma tan extravagante que se manifiesta el espíritu de rebelión, tan audaz, que desafía los horrores de la hoguera y los dolores del tormento; mañana tomará otra en la sublevación de ese bello Túpac Amaru, hasta que hecho hombre surja en el cabildo abierto del 25 de mayo. Los brujos y nigrománticos que rebajan el brazo de la Inquisición de Lima, en número tan crecido que la historia le dedica muchas páginas, ¿no tendrán un lugar al lado de los antecesores de la independencia americana? Entre la disparatada prosopopeya de su juerga, se abre paso un espíritu libre y a veces altivo; dentro de la exótica exuberancia de palabras inventadas por el delirio de aquellos embaucadores sui géneris, mitad profetas y mitad apóstoles, los vocablos que significan libertad, independencia, etc., etc.; parece que pugnaran por surgir por encima de sus conjuros extravagantes.[17] El hecho solo de mirar frente a frente al Santo Oficio, constituye un acto de altiva independencia; será un limo lleno de gérmenes, que irá aumentando

---

17   Véase: Medina, *Historia de la Inquisición de Lima*, tomo 1.° y 2.°; *Memoria de los virreyes que han gobernado al Perú*; Mitre, *Historia de Belgrano*, tomo 1.°, cap. I.

con el dolor, y que infiltrándose en el alma adolescente de la multitud despertará fuerzas virtuales, concurriendo a formarla.

Enseñábase en aquella época en carne propia cómo se manoseaban las coronas y las tiaras; era hasta cierto punto levantar las polleras del terrible santón, para mostrar que en vez de miembros, tenía pajas y rellenos hechizos, y que si el brujo humilde podía asumir ante el formidable poder tan irrespetuosa actitud, ¡qué no haría el hombre libre cuando se creyera mayor de edad y apto para ser independiente! Entre las causas más célebres de la Inquisición del Perú, despierta viva curiosidad la de un fraile limeño, llamado Francisco de la Cruz, que encarna, como pocos, ese espíritu tenaz de protesta. Mandado comparecer en audiencia, y «en preguntándole cómo se hallaba, dijo cantidad de palabras feas contra el Santo Oficio y otras nefandas y deshonestísimas». Por este estilo siguió disertando largamente «acerca de la Iglesia del Papa y del nuevo reino que había de fundarse en el Perú».[18] Vense cosas extrañas en esos oscurísimos procesos: frases sueltas, ideas truncas, sentimientos que despedazados al quererse exteriorizar, solo han dejado a la luz trozos incompletos que hay que descifrar cuidadosamente. Encontraréis tal vez cosas inesperadas, si procediendo con un espíritu crítico adelgazado, y que os aleje de los peligros de conjeturas pueriles, hojeáis los pesados mamotretos judiciales. Ese fraile, que aun so pena de excomunión mayor *ipso facto* incurriendo, hablaba y comunicaba con doña María Pizarro, su amante, tiene un valor admirable para sostener sus nebulosas visiones de un nuevo reino; para no sujetarse «sino al Sumo Pontífice» desconociendo el poder de la Inquisición; para apelar «para quien con derecho pudiere y debiere»,[19] y por fin para decir en las barbas de aquellos frailes obtusos y sanguinarios que «la Iglesia había errado en las letanías»,[20] que San Gregorio decía necedades y, por fin, nada menos: «que los cristianos no están obligados a creer en el misterio de la Encarnación». Ese otro humildísimo franciscano Luis López, es también singular e interesante ejemplo de tan tenaz sentimiento, el abolengo más remoto de la idea de la independencia. Las inclinaciones insistentes a solicitar y fecundar sus hijas de confesión, no son

---

18   Medina, *Historia de la Inquisición de Lima*, tomo 1.º, pág. 65.
19   Medina, tomo 1.º, pág. 66.
20   Medina, *Loc. Cit.*, pág. 88.

sino una expresión interesante de ese vigor con que profesaban opiniones políticas heréticas y anticipadas en demasía. Asombradísimo y alarmado don Francisco de Toledo, el inquisidor más escrupuloso y de mejor olfato que ha tenido Lima, escribía al rey en carta de fecha 27 de noviembre de 1579,[21] que entre los papeles que le tomó el Santo Oficio había escrito «contra el derecho que V. M. tiene allá y sus ministros acá tenemos; el cual habiéndose visto por los inquisidores y entendiendo tocar a V. M. y al dueño y gobierno de estos reinos y al daño que sembrar y persuadir semejantes opiniones suele causar en esta tierra tan amiga de novedades», y más adelante «V. M. mandará ver la libertad con que algunos de éstos tratan las cosas de vuestro real servicio y la ambición y soberbia de que siempre me pareció tener alguna parte este clérigo como que quería meter la mano y tratar de vuestros reales derechos».[22] Asimismo, le hacía cargos el fiscal, de cartas y papeles en donde se vaciaban doctrinas alarmantes, «escriptos, decía, de su propia letra en el cual habla y apunta cosas muy graves contra su majestad, contra los obispos y prelados de la Iglesia, contra su estado religioso y contra su propia orden y religión, contra el Virrey y la Audiencia».

Lo propio sucedió en otras ciudades del virreinato. Porque el frailecriollo colonial era esencialmente insurrecto, por naturaleza y hasta por necesidades de su ministerio. Al principio es independiente del poder civil; más por antagonismo de supuestas jerarquías y orgullo, que por obedecer a un propósito político. Pero de todos modos lo es y concurre a soliviantar las tendencias de las masas y a dar pábulo a la idea de insurrección. En Lima es profeta nigromante y apóstol clarividente, como se ha visto; en Buenos Aires, donde aparece siempre como rival nato de toda autoridad seglar, francamente independiente y revolucionario. Hablando de ellos dice García en su *Régimen colonial*,[23] «son orgullosos, se sienten superiores y saben que por su inteligencia, moralidad y su ideal de la vida no admiten comparación con el funcionario real más o menos corrompido, regularmente cohechable». En otra parte agrega: «el fraile es agresivo e insolente con los funcionarios

21   *Archivos de Indias*, 730, citado por Medina.
22   Medina, *Historia de la Inquisición de Lima*, tomo 1.º, pág. 114.
23   García, *El régimen colonial*, pág. 169.

reales, porque los desprecia».[24] Los padres Parra y Miranda,[25] hablan también de la vida independiente del fraile colonial.

Desde el púlpito, el franciscano anónimo azuzaba las pasiones contra las providencias del gobierno con frases indiscretas y poco meditadas.[26] De esta manera, observa el virrey, «las determinaciones del gobierno se hacían el asunto común de las conversaciones y, en cierto modo, de una popular inquietud, viniendo a ser su predicación no de paz sino de guerra y sedición». Por otra parte, estaba acostumbrado a mandar entre los indios, a vivir solo, satisfecho de sí mismo y de su vida. Ese fraile volandero, es un heterodoxo político y un revoltoso, inconsciente por lo general, si se quiere, pero al fin insurrecto; comunicativo y contagioso, sobre todo, porque está en diario e íntimo contacto con la masa popular, y distribuye ese espíritu de rebelión en el ánimo necesariamente predispuesto del criollo matrero y peleador. Hablo naturalmente del fraile anónimo, del fraile multitud, que discurre por siglos en la baja, aunque noble medianía, como otro hombre-carbono, sin ascender jamás a los altos puestos o a la conquista final de un nombre que lo consagre persona en la superficie visible. Recogiendo yerbas medicinales en los campos, porque son también herbolarios metódicos[27] y curanderos clarividentes, catequizando indio o estudiando sus lenguas enrevesadas y a veces impenetrables, predican con el ejemplo, cuando no lo hacen con la palabra, esa independencia de todo poder temporal que fue limo activo del instinto de la independencia política. Todavía, cuando el viajero moderno atraviesa una de esas ciudades argentinas del norte, encuentra en algún fraile provinciano genuino, al descendiente medio degenerado de tan peculiar misionero; rastro sobreviviente de una estructura extinguida.

De alma aventurera, pero mansa, mezclábase a las multitudes insurrectas y las animaba al combate y a la muerte heroica. El bello y escaso representante que aún sobrevive, es un tipo particular del monje de convento mediterráneo, que no conocemos en la capital, habituados al hombre sensual y vegetativo que puebla nuestros claustros, poco nacionales todavía. Un fraile

---

24   García, Ibíd., pág. 169.
25   Parra, *Gobiernos regulares de América.*
26   García, *Op. Cit.*
27   Arata, *Botánica médica americana, La Biblioteca*, tomo II, n.º 22, pág. 432.

animado de cierto género de piedad mundana, que le permite rozarse con el pueblo en la franca y fácil cordialidad que la mojigatería de otro convento prohibiría solemnemente. Hombre ingenuo, de espirituales inocentadas que la tonada sabrosa colorea, y que nuestra refinada malicia tomaría a veces como liviandades de su desvergüenza, cuando no son más que las recias invectivas, arrojadas, por su índole franca y transparente, sobre el vicio sorprendido por la perspicacia suya. Hay mucha gracia en ese rabelesianismo de sabor provinciano que anima su lenguaje exótico, en ese tipo que se despide para siempre ahuyentado por la natural evolución; yo lo he conocido y penetrado en mi niñez, y me parecía verle surgir como una dulce materialización del espíritu argentino de otras épocas, en el cuerpo enjuto y tras el rostro tostado del místico herbolario, que a pie recorría todavía el inmenso valle o la empinada cuesta confesando, comulgando, bautizando y evangelizando a su modo; o que sobre el lomo de la paciente mula, que así y todo volaba por la ladera y los llanos, bajo las hincaduras de su acicate grosero, iba de rancho en rancho recogiendo el diezmo escaso que le asignaba bondadosamente la multitud de aquellos pagos, vestal supersticiosa de una tradición que el tiempo va borrando, como el aire y la lluvia las inscripciones de los monumentos modestos que consagraban nuestro civismo.

El hombre terrible para el Santo Oficio y para la meticulosidad siempre alarmada de los virreyes, era el hombre de la multitud argentina. No sé qué rara impresión les causaba; parecían experimentar la vaga sensación de un peligro remoto, porque pasaban el tiempo mirando a la frontera, y en perpetua y vigilante actitud defensiva. Estaban convencidos de que Buenos Aires era el vivero prolífico de herejes, del libre examen y de aquel espíritu de rebelión que tejía, diremos así, apresuradamente, su red misteriosa con hilos que parecían flotar alados en la atmósfera. Guiados por instinto previsor de la animalidad, dirigían la vista y el oído hacia aquí, de donde les llegaba como ecos de ruidos subterráneos, el rumor de la tormenta. El suave perfume de la tierra mojada por las primeras gotas de la lluvia, transformábase, para su olfato torpe, en áspera sensación de sangre, y las brisas sanas que cantaban en el aire salmos de vida y de luz, les irritaban los pulmones, acostumbrados a otras atmósferas menos oxigenadas.

Había sido una constante preocupación suya el establecimiento de la Inquisición en parajes tan «hereticales», como decían en su lenguaje bárbaro. Reinaba, además de una fuerte tendencia al libre examen, un espíritu de libertinaje que daba pábulo constante a las náuseas espirituales de aquellos ortodoxos que vivían en perpetua solicitación de sus hijas de confesionario, según lo atestiguan los numerosos procesos en que estaban complicados. Frecuentemente atravesaban la frontera y se desparramaban por el Alto y Bajo Perú muchísimos individuos que llevaban «libros prohibidos», «imágenes heréticas», y que, a menudo, eran llevados ante el Santo Oficio por «andar propagando ideas contrarias a la Santa Madre Iglesia y al derecho de S. M. a estas tierras».[28]

La constante llegada a Buenos Aires de multitud de buques tripulados por flamencos y cargados de herejes «que traían en pipas (diciendo que venían llenas de vino y sal) libros e imágenes metidos o escondidos en casas de los vecinos»,[29] tenía fuertemente preocupados a los santos Padres de Lima.

A esos reinos, decían de Madrid, refiriéndose a Buenos Aires, «a esos reinos y provincias pasan algunos herejes de diferentes naciones con ocasión de las entradas que en ellas hacen los holandeses y que andan libremente (los herejes) tratando, comunicando y disputando de la religión con escándalo de los que bien sienten y con manifiesto peligro de introducir sus sectas y falsas doctrinas entre la gente novelera envuelta en infinidad de supersticiones».[30]

Tanto fueron creciendo los temores de la introducción y refocilamiento de los herejes en el Río de la Plata, agrega un escritor chileno, y tanta la alarma de las autoridades, que la Corte se vio en el caso de pedir informes al virrey sobre la conveniencia de establecer un nuevo tribunal de Inquisición en la provincia del Tucumán.[31]

En todas estas modestas tentativas se ve que el esfuerzo se hace cada vez más colectivo, el individuo va realizando su lenta concentración, y la

---

28   Medina, *Op. Cit.*
29   Medina, tomo 1.º, pág. 333.
30   Medina, tomo 1.º, pág. 333.
31   Medina, Ibíd.

multitud comienza a mostrarse confusamente en esta tendencia al agrupamiento que señalaremos después. La verdadera multitud, sin embargo, está todavía en gestación. En otros pueblos del virreinato, y en otras épocas, siguen surgiendo profetas y embaucadores más trascendentales. Ellos son los que marcan la faz casi fetal de la multitud. La imaginación continúa exaltándose y, aunque sin propósitos políticos, inocula, con sus visiones, en el pueblo cierto impulso confuso de rebelión, mezclado a un fuerte espíritu de misticismo peculiar, que no les abandona hasta más adelante.

La idea de la independencia atraviesa en el Virreinato distintas fases que es curioso estudiar. Y habría que recordar aquí de nuevo una de las aplicaciones de esa historia de los encadenamientos políticos a que me refería hace un momento. No puede ser que el mundo moral esté regido por distintas leyes que el mundo físico; y si con respecto a este último, la implacable y fría inmovilidad en la cual el dogma de la fijeza de las especies hacía dormir el imperio orgánico, ha sido sustituida por la idea del desarrollo gradual de las formas específicas,[32] parece racional que el mismo principio rija el desenvolvimiento de las ideas, y que el análisis descubra ese encadenamiento invisible entre la humilde forma embrionaria y supersticiosa del espíritu de protesta, y la idea más trascendental y concreta de la independencia política. El espíritu prevenido del observador superficial no acepta, sin un movimiento de incredulidad, lo que no ha mucho tiempo establecía perentoriamente Woldemar Kowalewski respecto al común origen de los rumiantes y de los porcinos; lo mismo que los inesperados vínculos que, según Edmond Perrier, existen entre la fauna de los fosfóridos, tan brillantemente estudiada por H. Tielpol, y los diferentes tipos de mamíferos carniceros:[33] ¡los gatos en fraternal abrazo con las martas, los perros con las hienas y las liebres! La idea de la independencia es primitivamente mística y teosófica. Las primeras rebeliones del espíritu criollo revisten ese carácter que parece tener tan poca vinculación con su forma definitiva; después es municipal, para ser finalmente política.

La figura extraña del profeta Oberá, el Resplandor del Sol, las encarna mejor que nadie. Ese indio guaraní, visionario, pero sincero sin duda, aunque

---

32 Edmond Perrier, *Les colonies animales et la formation des organisme*, Masson, 1881.
33 Edmond Perrier, *Op. Cit.*

ladino y travieso, según informan las crónicas, se había sentido con la médula del Apóstol de una religión nueva. Al calor del alma mansa, cándidamente devota, pero mediocre y adocenada, de un pobre fraile, sintióse libertador y revolucionario. Llamábase éste fray Martín González, y al caer la tarde, estimulado por sus melancolías, enseñaba los misterios de la religión católica con el acompañamiento de las nociones teosóficas de milagros, apariciones y encantamientos, que eran el dogma de aquel tiempo.[34]

Una mezcla extraña habíase formado en la cabeza primitiva del indio, sorprendido por las lecturas del Evangelio, por el simbolismo sugestivo de la liturgia católica y las visiones medio delirantes que dieron nacimiento al ilusionismo enrevesado de aquel extravagante hijo de Dios. La rebelión contra la Iglesia de su inspirador es lo primero que surge en el cerebro atormentado; la nueva doctrina cunde entre las mansas tribus guaraníticas, que se conmueven profundamente. Una vegetación exuberante de brujos, adivinas y profetas que predican ardorosamente la libertad y la separación de la religión de sus amos, completa la constitución de una multitud accidental, que sale a los campos a provocar, con tanta inocencia como inocuidad, a las huestes ensoberbecidas y brutales de don Juan de Garay. La nueva religión se convirtió pronto en una vastísima insurrección; las tribus se juntaron pasándose la voz de resistencia y de protesta; los brujos pintarrajeados y como enloquecidos, se multiplicaron para proclamar la resistencia y prometer para los rebeldes el cielo, la luz Divina o luz del Dios que está en el Sol. Marchaban sin jefe, sin más rumbo que la propia inspiración, y cuando apareció Garay con su caballería y sus arcabuceros, la muchedumbre era ya grande y amenazadora. Todas las amonestaciones que se le hicieron la encontraron inerte y sorda. Aquellos indios tan dóciles y mansos en todo el curso de la conquista, eran en ese momento feroces y resueltos como animados por un fuego que no habían conocido antes. Tenían el diablo en el cuerpo. Comenzó la matanza porque no fue batalla la que hubo allí, y en pocos momentos el cruel escarmiento estaba hecho «a la española». La ley castigó así los crímenes de rebelión, herejía y sacrilegio, según reza la historia. Oberá y el inocente fray Martín González que había caído, incauto bajo la violenta

---

34   V. F. López, *Manual de historia argentina*, tomo 1.º, pág. 124.

sugestión del brujo guaraní, se metieron en el interior del Chaco Hualamba, y no se volvió a saber más de ellos.[35]

El sentimiento político está ausente en este caso; es espíritu de rebelión puramente, insurrección contra la tiranía religiosa, ya que no contra la política, es un sentimiento más que una idea, pero un sentimiento todavía empapado en el misticismo que informan las cosas de la época y que parecía cernirse sobre la tierra sin tocarla. Llamaríamosla, pues, con razón tal vez, el período místico de la idea de la independencia. La masa se siente movida y agitada por la indeterminada aspiración que tiene dentro y que no alcanza a cristalizar en una idea; sabe que la acción la solicita y, como dice Stricker, el autor de la *Fisiología del Derecho*, al sentir que sus fuerzas aumentan, que la voluntad se yergue, la idea del derecho comienza vagamente a esbozarse; porque las relaciones que la voluntad mantiene con los músculos, constituyen la primera fuente de la conciencia del poder, surgiendo más tarde de ella, por vía de evolución, la idea del derecho.[36]

Luego asume caracteres más concretos y terrenales. Un ligero tinte político, comunal, diríamos más bien, da a sus futuros movimientos una tendencia más adelantada, sin llegar empero a su verdadero y definitivo carácter.

Y he dicho caracteres más terrenales, porque, en efecto, parece que las cosas humanas empiezan más adelante a despertarle su atención. Sus tendencias van a ser entonces dirigidas sobre los asuntos que directamente interesan a la vida; el colorido místico, que había dado una índole religiosa a sus levantamientos, se destiñe hasta desaparecer. Túpac Amaru y Felipe Velasco ya no serán profetas como Oberá, aunque el primero, sobre todo, deja sospechar en la curiosa literatura que ha dejado, que un resto de iluminismo apocalíptico quedaba aún en su espíritu, como un dejo remoto del atavismo que le daba su carácter indígena. La insurrección, que durante tres años mantuvo en profunda alarma al virreinato con el motivo aparente de las exacciones de los corregidores, ya mira menos al cielo, y no invoca el nombre del divino hijo del Sol, como los indios del inspirado Oberá. Ha sufrido una transformación, y como si hubiera pasado a una nueva época de la vida,

---

35   V. F. López, *Op. Cit.*, tomo 1.º, pág. 124.
36   Stricker, *Fisiología del Derecho*, Introducción, I.

y sintiera necesidades más concretas en su organismo, va a preocuparse del cuerpo mortal tan agotado por la abstinencia y el dolor.

Los repartimientos de 1780 son la amorce que harán estallar la carga, demostrando cómo un hombre, o un grupo reducido de hombres, con un grito o un estallido del comprimido dolor, pueden determinar la explosión de todo un pueblo ya preparado por la natural evolución de una idea que solo necesitaba ese su detonador especial de que hablaba el físico M. Abel. Un cartucho de dinamita provocado a estallar por medio de una amorce de fulminato, hace saltar los cartuchos vecinos, no solo al contacto y por choque directo, sino también a distancia; se puede así hacer explotar un número infinito de cartuchos dispuestos siguiendo una curva regular. Champión y Pellet han dado de este fenómeno una explicación, para la que han tenido que crear la teoría que llaman de las vibraciones sincrónicas, según la cual, la causa de la detonación por influencia, reside en el sincronismo entre las vibraciones producidas por el cuerpo que provoca la detonación, y las que produciría al detonar el primero, lo mismo que una cuerda de violín resuena al unísono con otra semejante que vibra a la distancia.[37]

¿Pues y qué otra cosa, punto más punto menos, ha de suceder con esos estallidos del individuo «amorce» comunicado a todos los miembros de una multitud? La naturaleza primitiva es, como ninguna, emocionable y detonadora, de una aptitud particular para el contagio moral, por lo mismo que es poco inteligente. Las rapiñas de los corregidores por sí solas, no son capaces de producir ese estado especial que necesita la pasión para que su detonador la haga estallar en su oportunidad, pero sí para provocar su descarga, de tiempo atrás acumulada y preparada por lenta evolución. Y si os fijáis bien, y para agotar la comparación en que nos ha hecho entrar el recuerdo de los trabajos de Berthelot, parece existir hasta esa bella onda explosiva, género de movimiento ondulatorio producido en virtud de impulsiones físicas y químicas en el seno de una materia que se transforma, y que en el orden moral lleva a distancias enormes y con la rapidez de una fulminación el movimiento que se transmite a toda la multitud.

La difusión del levantamiento de Túpac Amaru fue extensísima. Bastó una palabra, un gesto enérgico del indio que primero hizo pedazos los objetos

---

37   Armand Sabatier, *Essai sur la vie et la mort*, París, 1892, pág. 58.

con que el corregidor de Chayanta iniciaba inicua rapiña, para que la masa humana, dilatada desde Jujuy hasta el Cuzco, se conmoviera como un solo hombre y surgiera amenazadora, clamando venganza. Pero ya no con tendencias platónicas hacia un misticismo inofensivo, como dejo dicho, sino con propósitos terrenales y con aspiraciones vagas a la regularización de un gobierno rapaz y contrario a sus hábitos templados. El grito de guerra de Túpac Amaru es un programa más práctico que el de todos los otros: ¡Viva el rey! ¡Abajo los malos gobiernos! es decir: sospechamos que debe haber una forma más templada de gobernar a los hombres y tenemos algo así como una aspiración a elegir nosotros mismos el procedimiento; o de otro modo: no nos avenimos con los que nos gobiernan, aunque no quisiéramos alejarnos de la patria potestad (¡Viva el rey!). Ya veremos cómo esta última fórmula dura hasta después de la Revolución de Mayo, cómo conserva la larva los restos del insecto aun después de lanzarse a la vida. El corregidor don Joaquín de Aloz y el de Tinta don Antonio Arriaga, hicieron tres repartimientos cada una, en 1780, y los indios, sintiendo colmada la medida, se sublevaron, no pudiendo sufrir entonces lo que tal vez habían sufrido, y en formas sin duda peores, muchos años antes. La agitación repercutió en todo el virreinato, porque la insurrección se desarrolló imponente en un abrir y cerrar de ojos: los indios brotaban como los ojos de agua entre las breñas y corrían como éstos, aumentando paulatinamente el caudaloso volumen, hasta formar el mar humano enorme que se estrelló en La Paz de Ayacucho contra la sangre y los miembros despedazados de los insurrectos.[38]

La multitud americana, conserva todavía una peculiaridad que se ha observado en las repúblicas del Perú y Bolivia más que aquí, y que ya han hecho notar viajeros curiosos. Esa característica dio a estos levantamientos, y a la guerra de la Independencia, un tipo original y novedoso, especialmente en lo que se refería a las muchedumbres indígenas, que se formaban y se disolvían como por obra de sortilegio. La facilidad con que se movilizaban les permitía realizar increíbles prodigios. Al través de altísimas montañas, de

---

38 Véase: Mitre, *Historia de Belgrano*; Pelliza, *Historia argentina*, tomo 2.º; Funes, *Ensayo histórico*; *Revista del Río de la Plata*, tomo 1.º; *Revista de Buenos Aires*, tomo 10.º; López, *Historia de la revolución argentina*, tomo 2.º; Ibíd., *Manual de historia argentina*, tomo 1.º; F. Ramos Mejía, *El federalismo argentino*.

caminos pedregosos e inaccesibles, atravesaban desiertos inconmensurables de cientos de leguas. Sin brújula, silenciosos, y a pie desnudo, iban a reunirse, seguros de su orientación instintiva, donde los llamaba el común y seguro sentimiento de la existencia en peligro. Su instinto, decía un viajero francés, dépasse celui du pigeon voyageur. En efecto, no se equivocan jamás. Podéis ordenarles que vayan al punto más lejano, que seguramente estarán allí con una rapidez que pasma; y para ello no necesitáis sino fijarle en el horizonte el punto en donde se halla la ciudad, el caserío, el montículo, la choza[39] a donde los destináis. Veinte kilómetros por hora es una marcha ordinaria todavía; de ahí su facilidad para esas concentraciones súbitas, que sorprendían a los ejércitos españoles, cuando de repente en un valle desierto, en las crestas de la montaña inaccesible y en bulliciosa algazara, o bajo el imponente silencio que infundía el peligro, veían descender por la ladera rápida a la multitud informe, llena de impulsos violentos y de entusiasmos fecundos. ¿Cómo se pasan la palabra de orden? ¿Quién lleva a tan grandes distancias, y salvando tales dificultades, las indicaciones más elementales e indispensables para esas movilizaciones mágicas? ¿Cómo adquieren tan rápidamente la cohesión que los hace a veces invulnerables? Lo ignoro. Pero lo cierto es que ahí está el secreto de la resistencia que le permitió a Túpac Amaru mantener tres años la insurrección histórica. Esa ha sido la fuerza a veces incontrastable de la multitud indígena.

Después de ser místico y heterodoxo, ese espíritu de rebelión es municipal. La multitud, que es el esfuerzo común, la asociación de los iguales y de los que nada pueden solos, se perfila en la historia, desde la conquista, de una manera constante, por una paulatina y lenta evolución.

En el principio todo es individual, puramente personal, es la acción y la influencia de los hombres aislados: el prestigio de gremio o de colectividad, en cualquier forma, está ausente. El que no tiene fortuna, título, delegación del rey, el que no es regidor, alcalde, gobernador u hombre rico, nada vale, es molécula sin calor, que entonces vaga sin función.

La asociación se desenvuelve siempre alrededor de las personas: más que revoluciones, son golpes de mano, audacias individuales en que no in-

---

39   Andrée Bellessort, «Chili et Bolivie, etc., etc.», Revue des Deux-Mondes, diciembre, 1896, pág. 879.

terviene jamás el agente colectivo; lucha cuerpo a cuerpo, combate singular. De esa índole fue la conspiración contra don Juan de Garay, que dio por resultado la gobernación de Arévalo,[40] y fueron casi todas las que vinieron después, aun aquélla en que se cortaron las cabezas de los principales del motín, y se restituyó al rey su tierra, como decía Barco de Centenera.

Luego el individuo comienza a ceder, y dibujase detrás el grupo: el obispo don Pedro Carranza llégase a la cárcel en persona seguido de algunos clérigos y sustrae un preso por la fuerza;[41] el comandante interino don Félix.[42] Don Alfonso Vismara, teniente gobernador, don Juan Peñalva, don Alonso Fernández, alcalde y regidor de la ciudad de Salta, hicieron armas contra el gobernador. Don Juan Bruno Quijarro, don Gregorio Carreño, maestro de campo de las milicias de la Rioja, y Manuel Villafañe, etc., etc., contuvieron varios desacatos contra la autoridad del gobierno.[43] El hecho fundamental en la psicología del grupo, es que el individuo conserva su personalidad, no se ha verificado todavía la operación mental que funde su voluntad dentro de la masa colectiva. El grupo tiene algo de contrato bilateral por las recíprocas y voluntarias concesiones que se hacen sus asociados para un objeto fijado de antemano, y sin abdicar su autonomía. El grupo delibera y la multitud no; porque procede por impresiones y reflejos. En el primero, la mutua desconfianza pone vigilante la voluntad y la enardece, por eso el individuo conserva su relativa independencia. La suma de influencias sugestivas, que gravitan sobre cada uno, son necesariamente menores que en la multitud, donde aquel está atado por fuerzas mayores, y baja sus facultades al diapasón moral que impone la mayoría, que tal es lo que la constituye. En el grupo, la vinculación está en la analogía del propósito, cualquiera que sea la heterogeneidad de su organización moral, mientras que en la multitud es

---

40   Francisco Ramos Mejía, «Evolución de la democracia argentina», *La Biblioteca*, n.º 15, pág. 186.

41   Funes, *Ensayo histórico*, I, pág. 24; Trelles, *Revista General del Archivo*. Cabrera, es arrojado a empellones de la sala capitular de Córdoba por los alcaldes José Molina, Juan Antonio de la Bárcena, etc., etc.

42   Antonio Zinny, *Historia de los gobernadores de las provincias argentinas 1810-1880*, Buenos Aires, Ed. de la Imprenta y librería de Mayo, 1880-1882.

43   J. A. García, «La propiedad raíz en Buenos Aires», *La Biblioteca*, n.º 13, pág. 373.

la semejanza de estructura mental más que la mancomunidad de los fines lo que los atrae entre sí.

El cabildo nace del grupo, como asociación más amplia del pequeño esfuerzo contra la aislada, pero poderosa ingerencia del mandón rapaz. Psicológicamente, el cabildo es ya más multitud que el simple grupo, porque es de un nivel intelectual más uniforme aunque más mediocre. En el grupo, el individuo vale por sí, en el cabildo, por su asociación, fuera de él es inocuo. Por eso es más que multitud, ya es más pueblo que aquel. Tal es la razón por la que no puede pedírsele un pensamiento político trascendental y pocas veces una idea elevada.

Solo el sentimiento del interés lo inspira, del interés material que estaba muy lejos del interés social, en el sentido elevado del concepto. Todo acto delictuoso de carácter político, cuenta con su benevolencia, mejor dicho, con su indiferencia. La psicología de esa curiosa estructura del cabildante colonial es sugestiva: casi siempre se presenta como el representante urbano de «esa gran empresa colonial que no tuvo otro propósito que la explotación de tierras, indios y negros.»[44] Ése era su criterio, puramente comercial y restringido, su estructura, grotesca y seca; brutal con sus inferiores, absoluto y áspero en su casa, avaro y económico en sus gastos.[45]

¿Cómo podríais exigirle un pensamiento que se elevara por encima del tejado de sus hogares? El sentimiento de la seguridad de la propia fortuna, los hacía inexorables con los delitos contra la ajena; no hay nada que persiga con más encono que el robo, que exalte más el celo del cabildante que la rapiña del gobernador o las raterías del alcalde. Y tan no era un resultado de acrisolada honradez y de la práctica de una moral escrupulosa, que el contrabando entraba en la categoría de los negocios lícitos. El obispo Guerra, de Tucumán, y el licenciado Horta, sorprendidos a fraganti delito de contrabando, no pierden el buen concepto público de que gozaban.[46]

El cabildo fue la primera expresión de la colectividad acabadamente organizada en multitud, el día en que, «prescindiendo de lo ordenado por el gobernador, se reunió y procedió a la elección de los nuevos alcaldes y

---

44   Ramos Mejía, *Loc. Cit.*
45   García, *Loc. Cit.*
46   J. A. García, «La propiedad raíz», *La Biblioteca*, n.º 4.º, pág. 381.

regidores».[47] Pero el cabildo, verdadera multitud, vive una vida precaria todavía, y en la estrechez de su cráneo colonial no cabe un pensamiento político trascendental: el gobernador lo azota y lo deprime, pues cuando se juntan los corregidores para hacer sus elecciones «los gobernadores de las ciudades en que se hallaban, asistían a ellas y cuando no salían las personas que ellos habían designado, los trataban mal de palabras y otras injurias porque los cabildos no tenían libertad». Sin embargo, alguna vez, rara todavía, impone su voluntad (caso del gobernador Ramírez de Velasco),[48] y asume audazmente el mando cuando es depuesto un gobernador (caso del gobernador Mendieta).[49] Pero pasan años, y un siglo también, en que los cabildos, alternativamente vilipendiados o triunfantes, no salen de su papel humilde.

En el rescate de Francisco Sierra, mandado arrancar por Mendieta, hay una tentativa de multitud. Los vecinos, al verlo llevar, se congregan y lo arrebatan de manos de los esbirros de aquél. A mediados del siglo XVII aparece incierta y vagamente perfilada la figura de un titulado agitador popular, confuso embrión tal vez de los futuros caudillos, pero que se pierde en el vacío de un medio inadecuado aún. Juan de Vergara, «verdadero agitador y caudillo popular», parecía haberse anticipado por su estructura completamente exótica a su ambiente. Funes dice de él[50] que era rico, suspicaz, y según se deduce de su retrato, con calidades de *meneur*. Pero estaba aislado, no tenía detrás multitud que arrastrar, porque no la había todavía: «pues casi todos los vecinos de esta ciudad han escrito a Su Majestad y demás tribunales de este reino proponiéndoles la conveniencia que tiene el mandarle salir de esta ciudad».[51]

Así se va poco a poco ganando camino en la empinada cuesta. En 1752 ya tenemos levantamientos de milicias, y quien dice milicia, dice multitud. Las de la Rioja y Catamarca se sublevan porque no quieren seguir prestando servicio militar periódico. Más adelante, en 1764, un verdadero movimiento tumultuario depone al gobernador de Corrientes don Manuel de la Rivera y Miranda, investido de poderes ilimitados. Por lo que cuentan Lamas, Funes

---

47   Ramos Mejía, *Loc. Cit.*
48   Ramos Mejía, *Loc. Cit.*
49   Ramos Mejía, *Loc. Cit.*
50   Funes, *Ensayo histórico*, tomo 2.º, pág. 15.
51   Trelles, *Revista General del Archivo*, I, pág. 197; Ramos Mejía, *Loc. Cit.*, pág. 191.

y Ramos Mejía, ya hay allí una organización de multitud con sus peculiares caracteres psicológicos. Pueblo numeroso se congrega espontáneamente en la plaza sin llamamiento ni dirección de caudillo alguno; asalta la casa del gobernador, lo arrastra desnudo a la calle, lo maltrata y lo mete en presidio, reemplazándolo por el cabildo. Otro hecho análogo había ocurrido en Catamarca en 1735: «el pueblo en multitud arroja ignominiosa y tumultuariamente a su teniente gobernador don Luis Díaz».[52]

Nótese, pues, cómo la formación de multitud, se va sintiendo con más frecuencia y, a medida que los años pasan, la entidad colectiva se va dibujando en esa forma, cada vez más neta y claramente.

El más fútil motivo «junta la gente en tumultos», dice un observador de la época; «con más facilidad de organizar las puebladas». El instinto de la tierra los reúne; el hombre de las multitudes va operando sus concentraciones y alistamientos. Ese hombre-carbono, ávido de asociación, ya tiene alma y valencias múltiples para constituir cadena, y las cosas del virreinato, en lo sucesivo no se van a resolver por el sable o el capricho de un hombre o de un grupo de hombres. Detrás del Cabildo comienza a diseñarse la muchedumbre. El tumulto sustituye al voto, el tropel al paso tranquilo y firme del Adelantado o del Preboste; la voz comienza a hacerse coro; ha recorrido toda la comarca y trae consigo el aliento de la rebelión y de la protesta lleno de atavismos proféticos. Una rara sensación de movimiento empieza a circular en todo el país; se percibe ese sentimiento de la vida tan peculiar, cuando en una ciudad dormida, comienza con los primeros rayos de la aurora ese ir y venir de los madrugadores que inician la cotidiana tarea.

Ciudades llenas de vecinos inquietos[53] toman aspectos de pequeñas colmenas por el tráfago de elecciones populares de gobernadores caducos o depuestos; por el rumor de la lucha por la libertad del comercio en el seno de la misma metrópoli,[54] por el ajetreo nervioso de congresos para asuntos de interés común, como el de Salta en 1776,[55] que despierta la preocupación política, aunque de un modo muy vago e incierto todavía.

---

52   Ramos Mejía, *Loc. Cit.*
53   Funes, tomo 2.º, pág. 382; F. Ramos Mejía, *El federalismo...*, pág. 211.
54   Mitre, *Historia de Belgrano*, I, págs. 34 y 36.
55   Ramos Mejía, *Op. Cit.*, pág. 211.

Aquellos hombres no alcanzan, sin embargo, a salir del todo de su dura crisálida municipal.[56] En ese período crítico de la dominación española, las muchedumbres en formación se mueven incesantemente, con especialidad en el Río de la Plata y en el Alto Perú. La sublevación de Túpac Amaru y de Felipe Velasco, Túpac Ynga Yupanqui, pone en comunicación enormes masas de individuos, indios y mestizos que, con la bullanga y movilidad propias de la raza, recorren extensas zonas. Luego la insurrección de Antequera, llamada de los Comuneros del Paraguay (1730), agrega la suya, extendiendo el movimiento a las regiones tranquilas, donde la sombra de Irala todavía se alzaba amenazadora. El levantamiento de los comuneros[57] tenía esta peculiaridad: que era si se quiere, de un carácter más político que la del Alto Perú, marcando por consecuencia un paso más en la evolución de la idea revolucionaria. Vese en él un derecho, y más que eso, un derecho político en discusión; detrás de la negativa a obedecer órdenes y documentos apócrifos, hay lisa y llanamente desobediencia al poder de España, exposición violenta de una prerrogativa esencialmente política, cual era la de elegir la persona que debía gobernarlos.[58]

Existe, como se ve, un paso, casi un tranco bien marcado, entre la sublevación de los indios de Oberá, puramente religiosa, pero en la que está sensible el espíritu de rebelión que dejó maltrecha la hoguera y el tormento del Santo Oficio de Lima, el levantamiento de Túpac-Amaru, en que ya se oye el grito de abajo el mal gobierno, y el de los comuneros que discuten y sostienen con las armas en la mano el derecho a elegir quien los gobierne. Si bien —como sagaces historiadores lo han pretendido— éstos no tuvieron ideas democráticas en el sentido estricto y moderno; sin embargo, ese hecho histórico tiene en el conjunto una gran importancia, porque marca una faz más avanzada de la idea de la independencia.

La imaginación de la multitud, ya casi formada, es poderosa y susceptible; cualquier incidente la impresiona vivamente y el poder de reacción es tan vivo que la más simple idea se transforma instantáneamente en acto; es,

---

56 *Revista del Río de la Plata*, tomo 1.º, pág. 505; Zinny, *Historia de los gobernadores*, tomo 1.º, pág. 245.

57 Mitre, *Historia de Belgrano*, tomo 1.º, pág. 46.

58 Véase: Mitre, *Historia de Belgrano*, tomo 1.º, pág. 46; Ramos Mejía, *El federalismo argentino*; Zinny, *Historia de los gobernadores...*, tomo 1.º, pág. XVIII.

pues, puro reflejo; médula viva hasta por la conciencia obtusa que la fantasía, tal vez profética, de Pflugger, atribuía al eje espinal después de aquella serie de observaciones experimentales que se han hecho célebres.

Ese inexplicable sentido de la existencia, la cenestesia, que llamaba Henle, y que Ribot define diciendo ser la suma, el caos no desembrollado, de sensaciones que de todas las partes del cuerpo afluyen sin cesar al sensorium, había tomado, en la multitud argentina, un desarrollo que la hacía más dueña de sí misma.

Los pueblos, como los individuos, deben experimentar esa sensación que les da la noción más o menos clara de su ser biológico; eso que Condillac, con profunda apropiación del vocablo, llamaba el instrumento fundamental de la existencia. ¿No podríamos, como alguien lo ha pretendido, considerar como una repercusión lejana, débil y confusa del trabajo vital universal, este sentimiento tan notable que advierte a los pueblos, como a los individuos, sin discontinuidad ni remisión, la presencia de la existencia actual de su cuerpo? Naturalmente que para el hecho sea notado es menester que adquiera cierta intensidad, dejándose sentir por una vaga impresión de bienestar o malestar; indicando primero, una exaltación de la acción vital fisiológica cuando un pueblo siente que se quiere y puede ser independiente; el segundo, su perversión o enfermedad, cuando no contento con esto, cae en la tiranía o se lanza a la conquista por la conquista misma, sin que haya detrás ningún pensamiento político moral.[59] La personalidad nacional está en vías de formación cuando, como en el individuo, todo ese conjunto de sensaciones orgánicas, que parten de todos los puntos del cuerpo, han ido adquiriendo suficiente fuerza para llegar al *sensorium* y dar, por el sentimiento del conjunto, una noción de la unidad que se viene dibujando o sea el sentimiento de una nación como en el individuo el de un cuerpo, el de una persona.

---

59   Véase sobre la cuestión: Cabanis, *Raport*, etc.; Beaunis, *Sensations internes.*

Capítulo III. Las primeras multitudes

Una de las expresiones más vivas de nuestra personalidad política infantil fue esa multitud bullanguera y locuaz que comenzaba a organizarse cada día con mayor complicación estructural y con más frecuencia. Ya fuera el nombramiento de un alcalde, ya la ratería de un corregidor, pretexto de la asonada que hubo de saquear el palacio del Santo Oficio de Lima, en 1762; ya contra un español, o en favor de alguno de ellos; bien con justicia o sin ella, no importa: la multitud se organizaba con frecuencia incómoda y por fútiles motivos, obedeciendo a una fuerza que venía de lejos, y que la empujaba hacia destinos que ella misma desconocía. Lo que quería era entrar en acción, como quien dice estirar las piernas, marchar, amar u odiar, sin saber a quién, ni por qué: tenía en el alma un presentimiento, que, como un aguijón, le irritaba los centros motores y le atormentaba el espíritu que, adolescente todavía, no poseía el pleno sentimiento de su misión trascendental.

Verdad es que esta multitud aunque crezca en años y en experiencia, aunque peine canas, siempre lo tendrá a medias, porque así resulta de su especial estructura mental; y su conciencia equívoca percibe con trabajo los detalles más groseros de los grandes propósitos. Por eso es impulsiva, sensible y violenta. Sabe en particulares circunstancias que algo la lleva a la independencia de sus mandones actuales y va con el mismo odio y la misma violencia con que irá mañana a la anarquía. Tiene del ariete, el empuje y la ceguera; de lo providencial, las oportunidades de fuerza y de actuación realmente salvadoras; del destino, la fatalidad con que ha llenado ciertas misiones, y de la tempestad, la fuerza violenta, el empuje incontrastable, la indiferencia de las cosas inanimadas con que ha cometido sinnúmero de inhumanas injusticias. He dicho que practica sus obras casi como las fuerzas de la naturaleza, de las que parece una derivación moral o social, y he dicho bien: como la luz, como el calor, como la electricidad, que recíprocamente proceden una de otra cada una de ellas, realizando la admirable unidad de las fuerzas físicas. Razón por la cual la sentiréis con las alternativas de actuación de esas mismas fuerzas, grandiosa, brutalmente heroica y a las veces sublime, como la potestad avara del océano, en la revolución y en la independencia; luego rastrera, dócil, sangrienta e inhumana hasta el colmo de inventar un arte especial para degollar con la mayor suma de sufrimientos y crear una idolatría que provoca la náusea, porque es un completo proceso moral de ignominia y de vergüenza.

Al aproximarse el período crítico de la revolución, la vamos a encontrar más nerviosa y movediza, si bien más organizada y coherente; porque en el largo trayecto recorrido ha realizado un verdadero trabajo de coherencia en todas sus partes. El período de sus materializaciones y el principio de sus grandes idolatrías están próximos. Vamos a asistir, muy pronto, al momento en que la multitud argentina, con suficiente facultad de creación, va a dar a luz su primer ídolo, a crear su primer deneur sui géneris. Por un instante ya no va a vagar turbulenta, pero acéfala, como antes. Ese poder de maternidad tan caluroso, va a echarla en amores alternativamente tiernos o terribles, con ternuras equívocas; amores en que, con frecuencia, en el corto período de cuarenta y ocho horas, hace recorrer a sus ídolos el espacio que media entre el trono y el cadalso; el ridículo o el injustificado olvido con que premia a menudo el cruento sacrificio de sus víctimas.

Todavía en Chuquisaca no ha experimentado la impresión violenta de la fiebre en cuyo pleno fastigium pega después el estirón que conocéis y que casi de pronto la presenta ya al mundo adulta y vigorosa. Nada más característico, sin embargo, como manifestación de su peculiaridad psicológica, que ese movimiento de aparentes intenciones pueriles que tuvo lugar en Chuquisaca en 1809 contra García Pizarro. Puede decirse que allí está de cuerpo entero pintada: es un retrato al agua fuerte de su adolescencia viril.

Fue todo aquello un impulso genuino suyo, un estallido de su naturaleza refleja, que parecía obedecer al remoto influjo hereditario, como el niño que a cierta edad tiene necesariamente que manifestar el tic de que ha padecido el padre.

El nombramiento de Goyeneche, como podía haber sido el de cualquier otro, determinó la explosión. Como el alcohol por las venas de un neófito, empezaron a circular todas aquellas versiones que sugiere la inventiva malsana de los desocupados, especie de irritante estímulo de su perversidad y de sus impulsos: al poco tiempo ya era Goyenechc un traidor; García Pizarro, que no mataba una mosca, un siniestro aventurero de melodrama, él, que tenía estructura de conejo y apetitos de mono; Abascal, el diablo en persona, acechando el momento en que había de vender la patria a la princesa

Carlota Joaquina de Borbón, a quien la imaginación irritada del populacho pintaba como un dechado de belleza, a ella, la pelada y nauseabunda heredera de toda la imbecilidad morbosa del desdichado Carlos IV, su padre. Los habían visto en oscuros conciliábulos, la mirada torva, y en misteriosos cuchicheos, donde se había resuelto la prisión y deportación de los oidores, los canónigos y los principales abogados y estudiantes.[60]

Comienza la gente a aumentar en las calles: los corrillos se agrandan en las aceras; los unos se unen a los otros; se oyen gritos y discusiones en voz alta, chistes y carcajadas; los comentarios audaces y el lejano rumor de tropas que no se mueven ni existen, pero que la multitud percibe y ha visto desfilar hace un momento, colman la medida de la agitación y realizan el estrecho y secreto vínculo. Sin plan, sin fuerzas, sin poder contar todavía con el apoyo de Buenos Aires y rodeado de gobiernos enemigos, la multitud de Chuquisaca se organiza y se lanza el 25 de mayo de 1809 en un pronunciamiento que terminó por un desastre.[61] Como circunstancias comprobantes de que, en efecto, obedecían, sin saberlo, y tal vez sin quererlo, a impulsos ajenos a su proverbial mansedumbre, tenéis el hecho de que al frente de ese movimiento aislado, y al parecer disparatado, si no se liga al conjunto y no se busca su oculta etiología más atrás, tenéis, decía, el hecho de que los oidores mismos, cediendo a la fuerza de las cosas y a pesar de ser de la cepa de aquellos rancios españoles que aún esperan la reconquista,[62] se pusieron a la cabeza del movimiento. La mozada y la plebe recorrían las calles, más o menos armados, y tomaban posesión de la plaza principal para hacer cerco y asediar la casa de Gobierno, donde estaba el presidente. No habiendo conseguido desde el primer momento que éste dimitiese el mando por intimidación, «uno de los oradores, don Mariano Paredes, tomó posesión del Cuartel de Artillería y trajo las piezas a la plaza abocándolas al palacio presidencial. Otros dos, Michel y Alcerrica, encabezando un grupo de letrados y de jóvenes, entraron en los aposentos del presidente para exigirle su renuncia, y no habiéndola obtenido lo tomaron preso y lo condujeron a la cárcel».

---

60 López, tomo II, pág. 411.
61 Véase: V. F. López, *Historia de la revolución argentina*, tomo II, pág. 413.
62 Véase: V. F. López, *Historia de la revolución argentina*, tomo II, pág. 413.

44

Concentrado el poder revolucionario en manos de la fatal Audiencia, que como todo cuerpo colegiado de esta clase entra dentro de las multitudes heterogéneas, con un nivel mental mucho más bajo de la media común, no erró disparate ni hubo pusilanimidad que no cometiera para precipitar el desastre. Enviaron al virrey de Buenos Aires una exposición de motivos para justificar la insurrección, y mandaron agentes decididos que sublevaran la ciudad de La Paz. El manifiesto encierra toda la psicología de la multitud, autora del motín en esa faz de su evolución. Decían que se mantenían sumisos al virrey, y que nada estaba más lejos de su ánimo que amenguar o alterar la fidelidad que habían jurado a Fernando VII y a las autoridades que gobernaban al reino en nombre suyo.[63] Al leerlo parécele al observador curioso que surgiera en su memoria el eco ya lejano aunque vivaz del grito de Túpac Amaru: ¡Viva el rey! ¡Abajo el mal gobierno! pero con tendencias más acentuadas y más ambiciosas naturalmente.

Aquí la multitud organiza gobiernos a su manera, destituye altos empleados, y en suma, tiene aún más que aquella desgraciada tentativa del heroico indígena, señalando carácter político y tendencias a la libertad más concretas y claras. Lo que hay es que esos buenos vecinos, y los muchachos alegres que los acompañaban, como los viejos españoles que también entraron en la constitución de la multitud, ignoraban que obedecían a secretas fuerzas de que eran instrumento dócil solamente: eran insurrectos sin saberlo muchos de aquellos godos sumisos que tenían la fidelidad de raza elevada a la categoría de estado patológico. Unos y otros, en el modesto escenario de la aldea revolucionada, forjaban la independencia americana sin sospecharlo; como el obrero que el rincón de un vasto taller trabaja afanosamente el detalle de una gran obra de arte sin darse cuenta de la importancia que en el conjunto tiene su humilde esfuerzo, y sin alcanzar la concepción ideal de la obra terminada.

Un paso más: visiblemente el levantamiento de La Paz del 16 de julio de 1809, tiene carácter más definido y personalidad política más claramente delineada, y sensiblemente con mayor acento de independencia. La multitud aparece con un temperamento más personal, porque hasta en sus componentes es nativa y casi diría nacional. En efecto, el elemento español

---

63   V. F. López, tomo II, pág. 419.

europeo sufre allí la primera segregación, que más adelante se marca definitivamente. Hasta el alzamiento de La Paz, la multitud es heterogénea, aun cuando se percibe en todos sus movimientos anteriores el lento trabajo de selección que se opera en su seno. Ese movimiento eliminatorio se advierte desde que hay en América nativos y españoles; lo activan éstos con sus leyes de proscripción de los altos empleos públicos para todos los criollos que no poseyeron el poder de adaptación biológica al medio colonial, y que tuvieron los pocos que llegaron a ellos por gracia especial.

El movimiento de La Paz, dice el doctor don Vicente Fidel López, tomó un carácter más acentuadamente americano que el de Chuquisaca y mucho más hostil a la clase europea.[64] La junta tuitiva de los derechos de Fernando VII, que se creó en el cabildo abierto para ejercer la autoridad revolucionaria, se compuso íntegramente de hijos del país y, lo que es más característico todavía, en el manifiesto que publicó se recordaba, con profundo resentimiento, que ellos habían vivido privados por los españoles de toda participación en el gobierno y en la dirección del país en que habían nacido.[65]

El levantamiento tenía, pues, un carácter mucho más grave; y eso fue lo que comprendió Goyeneche, al decidirse en el acto a levantar fuerzas para sofocarlo. Organizó, en menos de dos meses, un verdadero ejército, y desde Zepita intimó a los rebeldes que depusieran las armas. Los cabecillas no encontraron en su espíritu nada que les explicara la razón del motín; no se les ocurrió más que aquello de que Goyeneche y Pizarro negociaban la entrega del virreinato a la corte portuguesa, presentando como pruebas la concentración de tropas portuguesas en la frontera de Mato Grosso, prontas para invadir al Perú, la llegada del infante don Antonio a Buenos Aires, de incógnito, y otras cosas más que la inquieta credulidad de la muchedumbre había inventado para explicarse lo que solo llegó a comprender después de la revolución de 1810.

Lo peor era que todo eso surgía sinceramente en el magín del heroico aldeano, que sentía el aura de la convulsión, producto de profundo mal, y la atribuía, como los niños en igualdad de circunstancias, al pedazo de pan duro que han comido momentos antes. Goyeneche atraviesa el Desaguade-

---

64   V. F. López, tomo II, pág. 423.
65   V. F. López, tomo II, pág. 423.

ro, y el 13 de octubre se presenta frente a la multitud conmovida. Pero le faltó a ésta el *meneur* que se hiciera obedecer con la fuerza de su despotismo habitual, para llevarla a la matanza después de calentarla con su palabra y sus gestos de sugestivo iluminismo, su arte peculiar, en virtud de cuyos procedimientos obedecen más dócilmente que no obedecieran a un gobierno fuerte; le faltó, para darle el nervio de la resistencia, el calor del impulso, la saña incontrastable que la lleva frecuentemente al triunfo. Goyeneche no tuvo más que presentarse: la multitud, por un efecto conocido de sus facultades imaginativas, creyó que eran miles de españoles, les vieron ojos que vomitaban sangre, sin duda contaron sus baterías y probablemente fantásticas legiones surgieron de entre la sierra con el aliento de la tierra y... echaron a correr, unos, se pasaron a los realistas, otros, y los más se ocuparon en matar a los que vestidos de jefes estaban al frente de tan indefenso montón.

El 20 de octubre La Paz estaba en poder de las tropas de Abascal, y la mayoría asombrada de su valor y de su inaudita audacia. Ese momento de locura, según decía uno de ellos, había pasado como los incidentes de un sueño, dejándoles probablemente un arrière-goût previsor que los retendría contritos al calor del viejo y tranquilo régimen.

Hay en la crónica de ese período prerrevolucionario un hecho trascendental en la historia de la multitud argentina, que debemos estudiar especialmente, porque es la expresión aún más interesante de su edad adulta.

Me refiero a las invasiones inglesas en los años 1806 y 1807.

Aunque ellas sean cronológicamente anteriores a la revolución de La Paz y de Chuquisaca, en el orden de los fenómenos psicológicos que estudiamos son coetáneas. Las invasiones inglesas fueron el primer esfuerzo viril de ese muchachón hecho hombre que verifica su primer asalto de armas la víspera del gran duelo: ya tiene llave de la puerta de calle, y anda dando manotones a todo el mundo, porque el exceso de fuerza que circula por sus masas musculares amplias y redondeadas, necesita derivarse en tentativas para él sin trascendencia, pero que le dan la conciencia plena de su poder. Hasta entonces ningún estímulo, propio o ajeno, había sacudido tan violentamente la conciencia popular, ni engendrado en su seno, dice el sagaz autor de la *Historia de la revolución argentina*, ninguno de aquellos sentimientos que uniforman las voluntades y las pasiones en prosecución de un fin común; pero dentro de esa selva oscura de la tolerante celebración inconsciente, que acepta todo lo que del mundo exterior le viene, sin beneficio de inventario, se operaba sordo el mismo trabajo de evolución que tan inesperadamente produjo los sucesos de Chuquisaca y de La Paz. El terreno se hallaba preparado con cierta disposición propicia que causas biológicas, y el mismo régimen colonial fomentaba, despertando el deseo de probar lo que se prohibía con tanta severidad. Entonces fue cuando los ingleses descubrieron (no sembraron como se ha dicho) la semilla ya madura, sobre la que arrojaban el riego saludable de promesas y sugestiones, provocando la visión tentadora de la vida libre e independiente. Aquí, donde el régimen colonial era más benigno, fue donde despertó con más vehemencia y mayor éxito la idea de la revolución; luego, sus causas ostensibles y ocasionales, no fueron la tiranía, la ignorancia y todas esas cosas terroríficas que se recuerdan para explicarla. El régimen era absoluto, sí, pero el gobierno tenía «una índole tan benigna y tan honorables habían sido los que la manejaban desde Vértiz hasta Sobremonte, que no se había sentido jamás la necesidad de reclamar más derechos o mayores garantías que los que todos disfrutaban».[66]

Todo el conjunto de causas pequeñas ya mencionadas eran otros tantos detonadores que con la grande amorce de las invasiones inglesas operarían la explosión en el alma de la multitud, que es la factora de las fundamentales modificaciones, la que se va a sentir grande y poderosa, de irresistible influencia, una vez que haya vencido, detrás de sus débiles trincheras, al ejército de una gran nación. Los hombres instruidos, mejor dicho, las llamadas clases elevadas, aspiraron solo a un liberalismo que se reducía a obtener progresos y mejoras caseras que, «tan lejos de acentuarse como aspiraciones a un cambio social, estaban servidas, en cuanto era posible, por el gobierno mismo, en perfecta concordancia con la iniciativa de los vecinos más influyentes de la ciudad».[67] Sus ideas, bebidas en las lecturas de los libros franceses, en las escenas revolucionarias, eran teóricas y sin que despertaran aspiraciones imprudentes que se hubieran ahogado por la falta de suficiente oxigenación del medio. A ninguno de esos hombres se le ocurría que hubiese necesidad o motivo alguno para hacer prácticas en

---

66   V. F. López, *Historia de la República Argentina*, tomo II, pág. 6.
67   López, tomo II, pág. 6.

el país esas ideas que se mantenían en la esfera inocente de la teoría y que si halagaban el espíritu por su belleza y por las perspectivas de un lejano horizonte era sin malicia y sin fines de una inmediata aplicación.[68]

Pero en las bajas esferas de la colonia, en la masa anónima, y digámoslo por su nombre, en ese hombre-carbono de las clases bajas, se sentía de tiempo atrás que más que en ninguna de las otras clases sociales se acentuaba con amargura el antagonismo entre nativos y españoles, que los hombres de arriba percibieron vigorosamente solo después de los sucesos de 1806. Hay que sentir en la lectura de la crónica contemporánea, cómo era ya de violento y agresivo ese encono entre los gallegos y los criollos, cuando todavía en las clases acomodadas y aristocráticas la natural cultura del trato y la blandura contemplativa de las costumbres les hacía, más que tolerar, solicitar las vinculaciones de los que más tarde iban a ser sus irreconciliables enemigos. Ese hombre de la multitud tenía el gusano adentro, la temible infección de la libertad, como decía no ha mucho un general español en circunstancias análogas, cuando los de arriba vivían en suaves esparcimientos en los salones de Liniers y la inolvidable Ranchería, todos mezclados y felices. A no ser esta circunstancia, este momento realmente crítico en la psicología de la multitud, el régimen colonial se habría sobrepuesto a la prueba difícil en que lo ponían los sucesos, sin necesitar para ello de la vigorosa envergadura de don Pedro de Cevallos o de don José de Vértiz: «la comunidad de la gloria repartida entre el pueblo y la autoridad legítima, hubiera mantenido estrechamente ligadas las dos entidades en la exaltación patriótica del triunfo; ambas habían compartido el honor de haber salvado la patria, y el rompimiento de uno con otro no hubiera tenido lugar».

Durante toda la época colonial, el aristócrata, como se decía entonces, los hombres de figura e suelo, se deslizan en un sueño suave e inalterable; viven en reposo embrutecedor y estacionario, mientras la clase baja se agita y se desenvuelve en una lucha tenaz contra las necesidades más elementales de la vida:[69] combate contra el indio, animal semi-salvaje, contra el mismo señor del poblado que lo persigue y le toma las tres cuartas partes del producto de

---

68 López, tomo II, pág. 7.
69 J. A. García, *El régimen colonial*; F. Ramos Mejía, *El federalismo argentino*; F. Ramos Mejía, *Evolución de la democracia argentina rioplatense*, *Loc. Cit.*

su trabajo. En la mayoría de los primeros, la evolución apenas sí se advierte en la inercia cerebral de esa invernación, porque atravesó todo el coloniaje, de manera que cuando llega la hora de la emancipación, no atina a encontrar en su espíritu luces suficientes para explicarse las extrañas tentativas de la multitud. Ésta, por el contrario, siente que el rudo trabajo de la vida le estimula el espíritu, el cual fustigado por las múltiples causas de irritación, que llegan a constituir una verdadera vigorización del carácter, desarrolla sus aptitudes y adquiere más pronto el sentimiento de la necesidad de la independencia, no como aspiración del espíritu sino como una exigencia del temperamento que esa vida había desenvuelto en una forma impulsiva y agreste. La revolución no circula en la inmóvil masa de las clases superiores; vive desde muy lejos en el seno de las clases medias y menesterosas, en la forma que dejamos anotada.

La sujeción al propietario, chacarero o hacendado, no les produce sino dolores y hambre; la independencia, la rebelión contra el preboste y el señor, por el contrario, es lucrativa. Una sencilla y elemental operación aritmética sugiere al instinto la tendencia a las asociaciones, que es el origen de la multitud; dos resisten con éxito contra uno y diez mejor y más pronto contra tres. De esa manera, la rebelión es primera contra el chacarero opresor, después contra el preboste, más adelante contra el alcalde y después contra el virrey y el gobernador.

En alguna de sus bellísimas páginas ha dicho el doctor López, que para escribir la historia es menester hacer que el pasado viva como el presente, dando la realidad de la carne y de la sangre a los personajes históricos que pudieran presentársenos como personificaciones ideales y alegóricas de la leyenda. Y en efecto, por una especie de visión, y hasta agregaría de audición retrospectiva, podríamos ver y oír lo que pasó en el seno de aquella multitud en los días que precedieron a sus ruidosos triunfos, escuchar los tumultos en que desenvolvía sus fuerzas jamás sospechadas por los inocentes Monsieur Jourdan de la Gran Revolución; oír el estruendo de sus voces, sorprenderla en las tinieblas de sus conciliábulos heroicos, y asistir al festejo de sus triunfos inmortales, para comprender que la aptitud moral que demostraba y la fuente de donde dimanaba copiosa esa fuerza viril, no podía

50

ser una improvisación de la naturaleza, sino la obra de una lenta y secular evolución del espíritu de la raza nueva.

La multitud estaba ya en la calle sin recelos ni restricciones y se había hecho única y exclusiva dueña de la situación por un consentimiento tácito nacido de su poder inmenso. Los hombres de posición social y política le concedían toda su noble complicidad, aunque al principio con esa mezcla de estupor y candorosa bobería con que los niños miran producirse un fenómeno natural, pero inesperado para su precaria experimentación mental.

¿De dónde salía aquella voluminosa entidad que verificaba esos prodigios y que ellos creían una improvisación del conflicto? En los cortos alcances de su embriología harto colonial, no habían podido tantear el cordón umbilical que les pusiera en la pista de su maternidad misteriosa.

Adonde dirijáis la vista vais a ver al hombre de la multitud tomando parte activa en los sucesos y algunas veces de una manera providencial. Es él el que más influye en el ánimo impresionable de Home Pophan, con sus informes ampulosos, para determinarlo a hacer la expedición trascendental de 1806: un calafate que había vivido en Montevideo, un carpintero que había residido once meses en el Río de la Plata, un comerciante oscuro, un intérprete de la Aduana de Buenos Aires le trastornan al aventurado marino la cabeza, de suyo fosforescente, y lo arrojan en la calamitosa empresa. Por una rara coincidencia y para que él tomara siempre su parte en los sucesos de la historia, un práctico, otro anónimo, es el que con sus informaciones desvía la expedición que se dirigía a Montevideo para echarla sobre Buenos Aires.[70] De manera que los ingleses que traían destinos tan trascendentales para nosotros, venían misteriosamente conducidos por la mano de la multitud a desempeñar su función histórica. Y no es eso solo: la idea de la Reconquista no nace en el cerebro de ninguna de las familias patricias o de los hombres de clase de la ciudad humillada. El espíritu militar está ausente de su pecho: Belgrano no pudo formar una compañía de caballería compuesta de jóvenes del comercio[71] por la repulsión general que inspiraba el servicio de las armas. Cada uno se metió en su casa y la vida hubiera seguido deslizándose bajo el dominio de los ingleses como se deslizaba en la molicie con

---

70   Mitre, *Historia de Belgrano*, tomo 1.º, págs. 116-118.
71   Mitre, *Historia de Belgrano*, tomo 1.º, pág. 110.

los españoles, si ese insospechado agente colectivo no se hubiera alzado tan bello e indomable como se alzará en los primeros días de la batalla.

Todo era allí desorden cuando los ingleses se aproximaban a la ciudad. No había quien mandara, y las tropas urbanas, sin orden ni disciplina, formaban grupos informes que disputaban con el virrey en persona.[72] Las primeras compañías que salieron iban mandadas por un soldado que había tenido suficiente valor para dejar de lado al jefe nominal que los dirigía y ponerse al frente.[73]

Son soldados humildes, vecinos y hombres anónimos cuantos inician y organizan la reconquista; es el empuje y el calor suyo que la realiza. La humillada ciudad se aprestaba a volver por su honor, no obstante el cobarde abandono y la debilidad de los jefes y directores que se habían apresurado a cumplir con el triste deber, impuesto por la derrota, de rendir su espada a los pies del vencedor.[74] Hervía en el seno de la muchedumbre el más vivo entusiasmo por la venganza, mientras las clases superiores y los burgueses ricos y meticulosos habían resuelto aceptar los hechos consumados. Tres hombres del pueblo llamados Juan Trejo, Juan Vásquez Feijoo y un don Sinforiano Iglesias, se ponen al habla para la reconquista y por medio de otro hombre del pueblo apellidado Valencia, organizan un verdadero complot que en la trastienda del negocio de este último toma su completo desarrollo. Luego construyen minas, recogen armas y dinero, y solo entonces se mueve la indiferencia de la gente, se organizan batallones, levantándose los ejércitos y se da la gran batalla que tiene su desenlace heroico bajo los muros inmortales de la Fortaleza. Los zapadores que dirigieron el trabajo de la mina de la Ranchería, eran del pueblo como aquéllos, y asistidos por ocho peones, uno de los cuales, llamado Hipólito Castaño, rehusó su gratificación de cuatro reales diarios, construyeron la mina de la Fortaleza que estuvo a cargo de José Galpón asistido de otros dos peones.[75] En el combate de Pedriel, cuando Berresford escaló las tapias, la caballería de Olavarría huyó, y los artilleros abandonaron las piezas. Solo un hombre mantiénese firme al

---

72   Mitre, *Historia de Belgrano*, tomo 1.°, pág. 120.

73   Mitre, *Loc. Cit.*, pág. 120; *Autobiografía de Belgrano*.

74   Mitre, *Loc. Cit.*, tomo 1.°, pág. 124.

75   Mitre, *Historia de Belgrano*, tomo 1.°, pág. 131.

pie: era —dice el general Mitre— un hombre humilde, un irlandés desertor de las tropas inglesas que combatía al lado de los argentinos. Y si la natural curiosidad que despierta sujeto tan interesante nos llevara a escudriñar más el asunto, veríais que ese hombre-carbono opera en un sentido mucho más trascendental, que los que han pretendido después apropiarse el exclusivo mérito de una iniciativa que, por lo que respecta a la Independencia, viene, como digo, de muchísimo tiempo atrás evolucionando en el seno de la masa innominada.

Derrotado el ejército de Liniers en el combate de Puente Chico, las fuerzas que no se habían desbandado, regresan a la ciudad por la calle larga de Barracas. El rumor de que los ingleses se habían apoderado de la ciudad cunde en las filas, difundiendo el pánico.

La noche era tenebrosa y hacía un frío que helaba los corazones y relajaba la disciplina —un poco ilusoria de suyo— de aquel ejército improvisado. El desbande comenzó pronto y lo que un momento antes parecía un ejército con pretensiones de oponerse a la marcha triunfal del enemigo, volvió nuevamente a lo que era en realidad: una muchedumbre nerviosa y tornadiza. Esa circunstancia, y el error estratégico del general Gower, fueron la salvación de la ciudad.

Aquel ejército, como tal, era ridículo e insuficiente; mejor dicho, no era tal, sino apenas una simple banda disfrazada y mal armada que se sentía incómoda con el fusil al hombro y las exigencias del arte militar. Como multitud, iba a ser formidable así que perdiera los reatos de la disciplina. Para comprenderlo, basta simplemente comparar las dos fases tan distintas de la defensa: ejército ridículamente tímido e inocuo; multitud, vigorosísima, audaz, incontrastable; y sin embargo en ambos casos los elementos componentes eran exactamente los mismos.

Apenas abandonaron sus arreos militares y comprendieron que la vida y tranquilidad de sus familias no peligraba, cuando volvieron a ponerse libremente en contacto los unos con los otros; a sentir la atmósfera amorosa del barrio y de la ciudad, a exponerse al contagio del entusiasmo colectivo que distribuye en todos los corazones un mismo sentimiento y una misma emoción: nuevamente se sintieron multitud, nacieron de nuevo a la vida y a la luz. La «reacción vino de suyo», dice un historiador argentino. Es decir, vino del mismo seno de la muchedumbre, sin que ningún caudillo la suscitara, que tal es la verdadera verdad histórica. Formábanse los grupos espontáneamente en las aceras, en los alrededores de la plaza y en los cuarteles que principiaban a animarse con la abigarrada variedad de los tipos y de los trajes. Durante toda la noche se concentraron a porfía en los cuerpos sin que nadie los arrastrara a cumplir con los deberes del patriotismo (López). Con la rapidez con que estos átomos del gran cuerpo encuentran con sus múltiples valencias las afinidades que determinan su fuerza, grupos numerosos se formaban rápidamente. Sin jefes, ni accidentales *meneurs* que los guiaran, iban a recoger los cañones que habían quedado en los reductos exteriores y los conducían por sobre las zanjas y pozancones entre el entusiasmo y la alegre bullanga de la plebe impresionada. Todo era vida y excitación necesariamente, todo el mundo quería ocupar un puesto en las azoteas, empuñar un fusil, un palo o un tacho con agua hirviendo, que también fue arma de la defensa en los momentos de mayor encarnizamiento.

De manera que, a las cuarenta y ocho horas, la mansa ciudad que no ha mucho miraba con terror supersticioso a los granaderos del 88.º, habíase transformado en los brazos de la multitud y tomado el aspecto de una fortaleza inexpugnable. Dentro del perímetro fortificado formaban nueve o diez mil hombres, de todas las edades y aptitudes imaginables, con toda la variedad pintoresca que debe suponerse de armamentos diversos y trajes. Unos se habían pintado de capitanes, otros disfrazados de comandantes, con vestimentas de combinaciones fantásticas, espadas inmanejables y planes descabellados de ataque y de defensa. Al leer las vivaces descripciones de algunos cronistas, uno se imagina el grado de exaltación a que llegara en el momento de la crisis de la imaginación de la muchedumbre meridional, posesionada de la gloria y decretando la ignominia para uno de los grandes ejércitos del mundo.

Por el lado de afuera de la línea, los balcones y azoteas, las tapias y los oscuros huecos, estaban ocupados por mujeres, viejos, y el concurso numeroso y simpático de aquel tierno pilluelo que en todos los grandes trances se decreta el generalato por medio de elásticos de dóciles chambergos y de abigarrados cinturones de cinta; gente suelta, extranjeros aficionados, bohemios y aventureros de mar de los que había siempre algunos en el puerto

54

de Buenos Aires, armados a su manera y con el ojo alerta sobre el bolsillo y el chapeao de los primeros oficiales ingleses que cayeran; todo eso mezclado y confundido por la indisciplina, completaba de un modo peculiar el cuadro, sin duda extravagante, de la aldea inmortal en el momento de echarse a cuerpo perdido en las trágicas vicisitudes de tan gloriosa aventura.

Una vez que todo estuvo listo, el populacho corrió a ocupar su puesto y el clarín dejó oír ese solemne y melancólico toque de ¡atención! que en los pródromos de la batalla parece mandar que todo hombre se concentre vivamente sobre sí mismo y llame a su espíritu las fuerzas dispersas en los mil incidentes del momento. Ese toque inmensamente sugestivo es un memento, una voz de lo íntimo que avisa al combatiente que debe optar entre la gloria o la ignominia, haciendo desfilar, en rápida formación todas las delicias de la vida que tal vez van a escaparle. Es preciso haberlo escuchado con oídos de novicio prolongarse con viril lujo de tristeza en el ambiente silencioso, para comprender el efecto que produciría sobre la multitud nerviosa que ocupaba con cierto inconsciente alboroto los puntos culminantes de la ciudad. Dióse, pues, la señal de alarma con el toque de generala; y el tañido precipitado de la campana del cabildo, sonando a rebato, confundióse con el trueno prolongado del cañón de la Fortaleza que hacía la señal convenida.[76] Las iglesias que estaban dentro del límite fortificado echaron a volar sus campanas, y los cohetes voladores subieron serpenteando por el aire en señal de inteligencia. Luego ordenóse que todo el mundo enmudeciera y que nadie hiciera fuego hasta que se ordenara...[77]

Era todavía oscuro cuando las columnas inglesas comenzaron a entrar. Un silencio sepulcral reinaba en todo el contorno, como si la ciudad entera durmiera en el tranquilo reposo de la vida inalterable de antaño. A la luz incierta del crepúsculo las figuras correctas de los soldados enemigos se dibujaban gallardamente en la penumbra y las bayonetas brillando tan largas

---

76   Mitre, tomo 1.º, pág. 175.
77   En este cuadro, lo que se describe es el esfuerzo de la multitud; así es que las dos invasiones se confunden en la segunda que fue la grande y heroica. Todos los datos a que me refiero en ellas están tomados de las siguientes obras: Mitre, *Historia de Belgrano*; Vicente Fidel López, *Historia de la revolución argentina*; Confrontaciones históricas por los señores López y Mitre; Pelliza, *Historia argentina*; Paul Groussac, «Santiago Liniers», *La Biblioteca*, n.º 8, 9, 11 y 13.

y agudas como eran, parecían un trigal de acero que se moviera en masa al empuje de un viento moderado. La mañana estaba fría, y el polvo que levantaba en su marcha cautelosa, agregado al vapor que en esa estación se alza del suelo, envolvían sus columnas interminables en una nube tenue y fantástica, llenándolas de un prestigio sugestivo y emocionante para los primeros observadores amedrentados, que con ojos curiosos veían por primera vez desfilar tantos y tan bellos soldados. ¡Qué silencio debía ser aquél para que el mismo Pack y los oficiales que lo acompañaban se sintieran sobrecogidos! Parecía que una soledad tenebrosa lo envolvía de tal manera que sintióse alarmado profundamente, «porque no parecía natural, —decía— ni de buen agüero, cuando por otra parte algunos de mis oficiales me dijeron haber percibido ruidos sordos en algunas de las casas por cuyo frente pasábamos», como si la muchedumbre estuviera oculta y en acecho.[78]

Cuando el coronel Pack llegó a la cruz de su marcha por la calle del Perú, resolvió doblar a la izquierda para comenzar el ataque por esa mano. El teniente coronel Cadogan tomó el mando de la retaguardia con la mitad de la columna inglesa para avanzar sobre el puesto enemigo, por una calle paralela a la que Pack mismo debía tomar con la vanguardia.[79] Apenas inicia este último su movimiento hacia la iglesia de San Francisco, cuando una descarga repentina, hecha por un enemigo invisible y colocado en una altura inaccesible, derriba al oficial que iba a la cabeza de la columna y a más de la mitad de la primera compañía; otra inmediata voltea los oficiales y otra mitad de la siguiente hilera; y cayeron así sucesivamente las otras que componían la división, según las palabras que usa el mismo coronel en la declaración del proceso de Whitelocke.[80] En ese momento ya se extendía a todo el ámbito de la defensa el tremendo fuego de fusil y de cañón.

La ciudad, materialmente envuelta en una nube densa de humo, presentaba un espectáculo grandioso. Veinte y tantos mil hombres se batían con el encarnizamiento de las fieras en la estrechez desesperante de las calles, que más que eso parecían zanjones profundos. Y el suelo del pequeño villorio, lleno de escombros, de heridos abandonados, de moribundos y de cadáve-

---

78 López, *Loc. Cit.*, pág. 140.
79 López, *Loc. Cit.*, pág. 142.
80 López, *Loc. Cit.*, pág. 142.

res, en proporciones que asombran, daban pábulo al encarnizamiento de la multitud y a la desesperación, heroica sin duda, de los oficiales enemigos que veían escapársele de entre las manos ensangrentadas una conquista que habían creído tan fácil. Mil escenas dramáticas se presentaban en tan pequeño teatro, que reproducía con colores más vivos y mayor número de actores, la tragedia de otros días. Cadogan, el valiente Cadogan, «excesivamente desesperado», había sido acribillado, deshecho, por la multitud, que lo dejó sin municiones, sin mulas para arrastrar los cañones y hasta sin soldados para servirlos. Rodeado por un fuego vivísimo que salía de todas las azoteas circunvecinas, se hallaba ya herido, extenuado de cansancio y de despecho; sus oficiales dispersos, y en una siniestra inacción los soldados, algunos de los cuales, entregados a su destino, habían recostado sus fusiles y esperaban resignados la muerte o la providencial rendición. Otros, heridos y desangrados, se arrastraban, para ocultarse, detrás de los cadáveres o de los cuerpos de las mulas, como si el presagio de una muerte horrible hubiera hecho revivir en sus corazones, más vivaz que nunca, el instinto de la propia conservación; y, sin embargo, no ha mucho pisaban impávidos y románticamente intrépidos el ensangrentado suelo, desafiando a la muchedumbre que los asediaba como una jauría.

Las dos columnas del general Lumly estaban destrozadas o prisioneras. Así que el coronel Duff llegó a la boca-calle de Suipacha, los acantonados en la casa de Terrada, rompieron un tiroteo terrible, y en medio de la alegría ruidosa y desordenada la plebe, embravecida por el olor irritante de la pólvora, las estimulaciones de un poco de alcohol que se había distribuido con mano generosa, y el delirio que el presentimiento del triunfo producía en sus cabezas imaginativas, hacía tronar el cañón y la fusilería colocados en la boca-calle de Esmeralda. La hábil combinación de fuegos arrasaba la columna enemiga. Duff estaba perdido si vacilaba un instante... «Reparando en la iglesia de San Miguel, y teniendo orden de apoderarse de iglesias o casas altas», mandó ¡paso de trote! y se precipitó denodadamente por la calle de Suipacha a tomar la torre. Cuando los ingleses iniciaron su marcha, la multitud creyó que huía y un grito salvaje de triunfo y de alegría partió unísono de todas las azoteas, siguiéndose un fogueo vivísimo. Duff trató de echar abajo las puertas para subir a los tejados, pero no pudo forzarlas.[81] Los momentos eran supremos, sus soldados caían diezmados por las balas de fusilería y de cañón. A medida que los ingleses iban acorralándose, la muchedumbre redoblaba sus gritos y el fuego parecía más vivo y mortífero.

No solo eran balas las que caían; llovía sobre sus cabezas todo género de proyectiles, escombros voluminosos, trozos de madera que parecían de acero, pedazos de hierro, muebles, vasijas, aceite hirviendo, alcohol encendido y todo lo que la mano febril y la imaginación paroxística de la plebe que se defiende y que triunfa, podía inventar o encontrar a mano en el momento supremo del delirio. Desesperado de verse en situación tan extrema «salió del atrio y arremetió por la calle de Piedad»... era imposible continuar, casi no le quedaban soldados, forzó una puerta y entró, pero nuevamente halló aquellas lenguas de fuego que no cesaban de moverse... El valor humano, el esfuerzo que le es permitido hacer al cuerpo, cualquiera que sea su vigor, tiene un límite a que había llegado ya la tropa valerosa del oficial inglés. El último resto del valor moral había rodado con el cadáver del soldado que caía a sus pies en el momento que tuvo que rendirse. La muchedumbre bárbara y voraz cuando, como en ese instante, había casi perdido sus caracteres humanos, solicitada la bestia por el olor de la sangre y el placer de la matanza, precipitóse sobre ellos y los desarmó con la rabia que se traducía en gritos, imprecaciones y blasfemias, que ellos oían revestidos de una correcta resignación.

Entretanto, la otra mitad del 88.º, dirigida por el mayor Vandeleur, entraba por la calle de Cuyo; pero a medida que avanzaba, las azoteas llenas de gente hacían con él lo que hicieron con Duff: le arrojaban toda clase de proyectiles y le impedían la marcha. Pero Vandeleur, «siguiendo intrépidamente adelante, alentaba a sus soldados para que hicieran fuego oblicuo sobre sus enemigos, y llegó con trabajo a la zanja que cortaba la calle de Cuyo en la esquina de San Martín, donde el fuego era crudelísimo para él. No quedándole más recurso que continuar, salvó esa zanja con enormes pérdidas y marchó a la carrera hacia el río». Cuando ya se creía salvado, encontróse con los formidables cantones de la esquina de Taibo que no pudo evitar, sino echándose a la derecha con la idea de tomar posiciones en la iglesia de

---

81 López, *Loc. Cit.*, pág. 134.

la Merced.[82] ¡Vanas esperanzas! las puertas resistieron y tuvo que correrse media cuadra por Cangallo, donde, como a Duff, lo esperaba la multitud en los cantones de Erézcano y Martín, para rendirlo, después de una lucha encarnizada y sangrienta en que Vandeleur perdió casi toda su tropa. Por el otro lado, el coronel Guard, que formaba la extrema derecha de la circunvalación inglesa, entraba por la calle de la Defensa, en cuyo trayecto recibía de las azoteas colocadas a un lado y otro de la calle, un fuego rudo que diezmaba la tropa, produciendo un efecto desastroso en el ánimo de los soldados.

Calle tan larga, y con su rectitud geométrica tan peculiar, presentaba a la turba que la ocupaba un medio fácil de batir al enemigo, en cuanto se ponía al alcance de sus tiros. Grupos audaces de hombres salían de su escondite, y de detrás de las mochetas de las puertas, y aprovechando los ligeros accidentes del suelo que era tan irregular, hacían un fuego vivo y certero que obligaba a Guard a marchar con una lentitud mortal y a hacer verdaderos prodigios de formación, para economizar vidas. Cuando llegó a las cuatro esquinas de la calle de Venezuela la tropa había llegado a un grado de extenuación peligrosa: el humo de la pólvora, el polvo de la calle, los accidentes materiales de la marcha en que, no ya el espíritu, de suyo alarmado por los sucesos adversos del día, sino el cuerpo, la carne machucada por el surmenage, asfixiaban el alma con el peso de su cansancio y la somnolencia grave de las fuerzas. Vióse entonces obligado a doblar a su derecha «con el ánimo de abrigarse y seguir por la calle actual de Balcarce hasta dar con el general Crawford». Reunidos con éste y con Pack, resolvieron apoderarse a viva fuerza del convento de Santo Domingo, donde se situaron, levantando sobre la torre la bandera del 71.º, que fue saludada con salvas y dianas por la escuadra creyendo que el triunfo, por fin, había coronado sus esfuerzos.

Pero allí mismo la posición era dificilísima; la altura grande, sin duda, pero la torre pequeña y los techos de la iglesia de una pendiente violenta y llenos de humedad, hacían imposible toda maniobra. De las azoteas vecinas disparaban nutridísimo fuego; sus ocupantes enardecidos con la toma de la torre redoblaron su energía y grupos de muchedumbre avanzaron intrépidamente sobre la puerta del convento con intenciones de derribarla. Crawford se sintió intimado ante semejante embestida, que escapaba completamente a

---

82   V. F. López, *Loc. Cit.*

sus previsiones; el peligro era inminente si los grupos se engrosaban y redoblaban sus tentativas. Todas las ventajas que la disciplina y la táctica daban a los veteranos ingleses quedaban anuladas si la plebe lograba entrar en el convento y trabar combate cuerpo a cuerpo. Al fin sucumbirían al número y era a fin de evitarlo menester defender a todo trance el atrio y las calles.[83] El general desprendió por la calle de Venezuela a los granaderos del 45.º, bajo el mando del coronel Guard, para que tomasen de frente a los bonaerenses, mientras que el mayor Trotter salía por la calle de Balcarce, doblaba por la Belgrano y de flanco los desbarataba completamente, desalojándolos del atrio.[84] Pero de las casas vecinas, coronadas de gente, llovían las balas sobre las dos columnas inglesas; la del mayor Trotter quedó aniquilada y él mismo tendido en el atrio al lado de sus soldados. La de Guard perdió cincuenta y seis hombres en dos o tres minutos y viendo que era imposible obtener ventaja alguna mandó retirar las columnas.[85]

La lucha se hizo entonces feroz; como que la derrota de las compañías de Trotter y de Guard les daba la seguridad de un próximo y total aniquilamiento.

Un fuego horrible atronó de nuevo el aire y la iglesia se vio envuelta en una nube espesa de humo. De repente sonó el cañón del Fuerte haciendo certeros disparos sobre la torre y los techos del convento, de cuya pendiente rodaban al suelo los soldados ingleses al mismo tiempo que la barrían con metralla los cañones colocados en el patio de una manzana, cuyas paredes bajas permitían hacer buena puntería; los grupos, cada vez más numerosos y encarnizados, desahogados del ataque del norte y del oeste, concurrían de todas partes operando un movimiento audaz y vigoroso de concentración, con el fin de acorralarlos y ultimarlos. Cuando están cerca, la lucha se traba cuerpo a cuerpo en horrible confusión, en sangriento entrevero. Se tiran bayonetazos, se pegan con las culatas de los pesados fusiles y hasta recurren a las pedradas, a los palos, a los puñetazos, como derivación del exceso de rabia y de entusiasmo que los ahoga.

---

83   V. F. López, *Loc. Cit.*, pág. 154.
84   López, *Loc. Cit.*, pág. 154.
85   López, *Loc. Cit.*

La multitud es gritona, indisciplinada y locuaz en los momentos de supremo peligro, sobre todo; y una algazara atroz hace callar el ruido de las armas; por entre el clamor de los caídos, el galope de los caballos, el toque de las cornetas se abre paso el rítmico y tétrico: ¡No quarter, no quarter! de los oficiales ingleses impasibles. Pero la plebe ebria de pólvora no da tampoco cuartel y avanza ciega hasta postrarlos o rendirlos. Grandes columnas de humo se elevan, entretanto, lentamente sobre la ciudad. La expectativa de la escuadra es grande y angustiosa: aún no ondea el pabellón inglés sobre las torres más altas como señal de triunfo, y el tiempo pasa y el ruido del incesante cañoneo no cesa un momento. Algunas veces se interrumpe súbitamente, y un sordo y lejano rumor de voces unísonas llega a sus oídos; parécenles de vivaaas prolongados que en alas del viento del oeste vinieran a despertarles acres sospechas. Luego el fuego va apagándose; el cañón ha callado, una que otra descarga, con largos intervalos de reposo, se oye de cuando en cuando; de repente, el tiroteo se inicia de nuevo en un flanco de la ciudad como si se quisiera reanudar la batalla, pero pronto cesa y otra vez el silencio solemne, y lleno de amargos presagios, llévales la vaga sensación del desastre entre los restos de las nubes de humo que el viento movedizo empuja hacia el río suavemente rizado.

En efecto, la resistencia fue ya imposible. Crawford reunió un consejo de oficiales superiores y oídos sus pareceres se rindió a discreción.

El ejército inglés cayó, pues, vencido a los pies de esa multitud que se ignoraba a sí misma. Las escenas que sucedieron al triunfo no son para ser contadas. Aquello fue semejante a un inmenso caudal de agua que salido espontáneamente de madre, y como empujado por misteriosa convulsión de sus entrañas, corrió a inundar abundantemente toda la comarca, antes muda y estéril. Como diría la pedantería escolar: la Naturaleza se vistió con todas sus galas con el riego copioso que había humedecido la tierra sedienta. En 1807, la multitud celebró el advenimiento de su juvenil personalidad pegando ese manotón que tan gravemente había descompuesto la proverbial ampulosa dentadura de la altiva y solemne Albión.

Su furor, mezcla heterogénea y feroz de entusiasmo y de rabia, no se calma tan pronto. Necesita, o una víctima que desahogue esa sobrecarga de fluido que tiene tan alerta a la bestia, o que el tiempo vaya, por natural emuntorio desahogándose de su exceso. Tenía demasiado fresco todavía el recuerdo de la otra invasión, y cuando Crawford salió para el fuerte se amontonó a la puerta, y como la fiera que mete el hocico por entre los barrotes de la jaula, introducía su mirada aguda, curiosa y siniestramente escudriñadora, por entre el tejido de la reja, para ver a los prisioneros postrados por las fatigas y las incertidumbres. Empezaban éstos a temer por su vida en presencia de aquel equívoco ir y venir de los grupos movedizos. Esta vez no gritaba; un silencio extraño percibíase a su alrededor; y cuando la multitud, en tales circunstancias, no lanza al aire su alarido bestial, es porque el impulso homicida parece economizarse para saltar más lejos y más rudamente. Necesita un derivativo de ese superávit de vida que la ahoga, y lo busca o en la matanza o en la idolatría: las dos formas más usuales de su impulsividad. El rápido tránsito de Liniers de la gloria al patíbulo, es un ejemplo sugestivo.

Después de tan grandes sacudimientos, o vienen los horrores inútiles y los sacrificios de prisioneros y de inocentes, o la creación de los ídolos y de los dioses que, como el pararrayo, dócilmente suelen desviar sus corrientes acumuladas; y eso cuando la gruesa chispa que brota del choque no los destroza o los funde al atravesarlos. En esos momentos tan críticos, odia con calor violento, y adopta actitudes de fiera cuando huele sangre. Es bravía y vengativa. Adora con grandes genuflexiones y tiene gruñidos que remedan los del bruto cuando la sensación de lujuria le hiere la sensibilidad. A veces cuanto mayor es la agresión homicida que va a desarrollar, y la crueldad de que se encuentre poseída, mayor es su discreción (si cabe discreción en su estructura) como para que nada provoque el tranquilo retorno a la humana índole de que se ha desprendido para moverse mejor en esas regiones de la animalidad pura.

La filiación de ciertos hechos contradictorios y de etiología aparentemente confusa, el del mito del héroe de la Reconquista, por ejemplo, en lo que tiene de desproporcionado naturalmente dejando a un lado méritos, así como el completo e injusto olvido que pesa después sobre su nombre, hay que buscarlos en esa fisiología escabrosa de la misma multitud, cuyos dioses e ídolos, como montados sobre una enorme báscula, lleva alternativamente de la oscuridad del anónimo a las etéreas alturas de la más incomprensible

62

popularidad y de allí a la difamación o al patíbulo, nada más que con poner aquella maquinaria en movimiento.

Debo decirlo con entera franqueza: he buscado en la relación de la Reconquista de Buenos Aires los elementos de ese culto exclusivista y megalomaníaco al héroe de las invasiones inglesas, y no lo he encontrado. Servicios grandes, sin duda, pero no mayores que los de Pueyrredón, Alzaga y los demás que fortificaron la ciudad y concurrieron a defenderla. Y se explica que ninguno de ellos fuera el héroe, porque la Reconquista fue la obra de otro hombre, fue la obra exclusiva de la multitud.[86]

Para simbolizar su entusiasmo, porque tales son las exigencias de su peculiaridad sensitiva, tomó una personalidad socialmente popular, e hizo lo que necesitaban sus sentidos: un culto con todos los requisitos externos de la liturgia tan genuinamente suya. Desgraciadamente, duró poco ese sagrado calor; porque Liniers no conocía a su madre, ni los medios de dirigirla; era un simple hijo adoptivo, y no pudo sostenerse por mucho tiempo en la altura ciertamente vertiginosa del altar. Por su índole moral e intelectual, era más bien, un exótico de la muchedumbre; pero por sus dotes físicas, su estatura, su belleza, su valor personal, ciertas facilidades de trato benévolo y cortesano, y, más que todo eso, porque es caprichosa, y como la Fortuna, ciega, Liniers fue su héroe y el símbolo vivo de sus triunfos. No importa «que a Liniers no se le hubiera señalado en ninguna de las líneas avanzadas del perímetro que sostuvo el fuego;[87] tampoco le importaba el contraste del día 2, el eclipse momentáneo del prestigioso jefe después de esa derrota», en que la ausencia deplorable de elementales dotes de estrategia hizo que el general Gower, que seguramente no calzaba coturno más alto, se burlara de él como de un niño envolviendo en las redes groseras de su táctica. Pero así y todo, la multitud lo había tomado como símbolo, y hasta la ridícula aventura de la capitulación de Beresford quedaba olvidada, entre los méritos, si bien magnificados no menos efectivos por la excesiva megalomanía de tan infiel amante, del simpático conde de Buenos Aires.

---

86 Véase: V. F. López, pág. 181, tomo 2.º, págs. 175-181; «Oda del doctor don Vicente López», El triunfo argentino, págs. 123-164. Véase también lo que dice Mitre, Historia de Belgrano; Pelliza, etc., etc.

87 López, Loc. Cit.

Hay hombres a quienes la fortuna persigue para amarlos, y Liniers fue uno de ellos. Hecho leyenda por la multitud, que necesita tocar sus odios y sus afectos, hacerlos carne y hueso; algo tangible que compense su carencia de facultades de abstracción, fue empujado, casi izado hacia el altar. Mujer, al fin, se había prendado de este gentil ejemplar del hombre de mundo. Era la primera creación de su juventud, cuando ya salida de la adolescencia podía darse los aires y producir los hechos de un adulto lleno de vida. Por regla general, no quiere el genio ni la virtud, cosas que no hieren los sentidos, ni pueden llegar a las materializaciones sensuales que ella necesita; busca al hombre hermoso, grande si es posible, de talla esbelta y de bellos ojos, de larga barba o de mostachos altaneros, porque, como he dicho, ama sobre todo el físico, lo plástico vulgar, no por amor a la forma, sino porque en su mediocridad de pensamiento no concibe de otro modo la idea abstracta de grandeza.

El perfume inmaterial de un sentimiento, no llega a la conciencia obtusa, sino por la puerta de la sensibilidad grosera, y eso, después de haberla mortificado con las asperezas de sensaciones de esa especie. No hay jibosos y deformes del físico que sean populares; Rivadavia, el hombre más feo que ha conocido su generación, era el escarnio de la multitud, que le llamaba pintorescamente el sapo del diluvio, y a pesar de sus virtudes y talentos no llegó jamás a saborear la popularidad.

Pero Liniers era bello, aunque frívolo y bondadoso, hasta ser cándido algunas veces; muy poco grave y con una concepción bastante epicúrea de la vida. Escéptico, pero con un escepticismo elegante y poco maligno porque, neurosis erótica aparte, parecía respetuoso, leal y, para qué repetirlo, valiente y altivo con la gentileza de un caballero cruzado. Tenía maneras insinuantes y finísimas, una conversación vivaz y hasta luminosa cuando el espíritu del conversador sin rival se calentaba bajo el Sol de una de esas bellezas que él admiraba tanto. Poseía una gracia sin igual en el trato, y sobre todo tenía para las mujeres aquel fluido expansivo de que hablaba el marqués de Villena, que en los hombres afortunados dimana de los ojos, de la boca, de las manos, y ¡qué sé yo! de qué otras partes del cuerpo. Fluido que, difundiéndose como el polvo luminoso de las mariposas, le forma un ambiente de atracción, aureola peculiar llena de efluvios carnales que seduce irresistiblemente la imaginación y los sentidos siempre alborotados de las mujeres, fantásticas de suyo. No creo que sean las grandes calidades las que operan en ese caso, sino indudablemente algo de eso, llámesele fluido o perfume (por no decir olor), con ciertos especiales y misteriosos influjos sobre particulares sentidos, que ellos parecen esparcir. Por eso uno se admira cuando ve a hombres realmente obtusos, y hasta burdos en el trato, tener éxito inesperado con el bello sexo.

Lo propio pasa con la multitud, que, punto más punto menos, tiene las mismas deficiencias y particularidades mentales de la mujer. Si no es el fluido aquél, por lo menos son las calidades puramente externas y de impresión las que seducen. Si a ello se agrega que Liniers poseía muchas otras cosas seductoras, a más de su intrépido valor, su generosidad, etc., etc., tendremos que el héroe de la Reconquista, para llegar a ídolo, tuvo ese indispensable colorido chillón y llamativo de la personalidad física que exige la muchedumbre para consagrarlo en su altar aunque le faltaran otros para conservarse.

Y si no era a él, a quién queríais que adoptara. ¿Al señor Alzaga? Pero ese noble gallego, con la envergadura de un inquisidor, y sin duda ninguna, con grandes calidades de carácter muy superiores a las del bondadoso conde, era antipático a la muchedumbre, precisamente por eso. Poseía una figura poco gallarda y estaba desprovisto del inmenso prestigio del valor militar; era más bien grueso, tenía algo de las proporciones y maneras grotescas de un soldadote español del siglo XV y, aunque bien nacido y educado en un medio aristocrático y culto, era demasiado adusto y orgulloso para agradar a la turba que quiere un trato fácil y accesible. Alzaga tenía la terquedad y empecinamiento propio de la España de su tiempo (estoy por decir de todos los tiempos) y de su raza. Sus aspiraciones igualaban a su soberbia, la indómita índole de su carácter, «la petulancia con que se tenía por el hombre más rico y más eminente de la capital, hervían siniestramente en su alma al ver la facilidad con que según él ese advenedizo mediocre de Liniers, medio tonto y medio fatuo» había sido elevado a la altura inmerecida en que se encontraba por esa multitud que tanto le odiaba a él.[88]

De todo lo que he visto, y a pesar de haber tenido siempre una profunda simpatía por el famoso vencedor de Whitelocke, he sacado en limpio que

---

88   López, *Op. Cit.*, tomo II, pág. 327.

este mimado de la Fortuna, que, por complacencia explicable en su temperamento, hacía desfilar las tropas por delante del balcón de su amada, no tenía en las cosas del gobierno y de la política ni siquiera un grano de esa malicia previsora y alerta, de esa visión tal vez confusa, pero consciente y eficaz que poseía entre otras dotes sobresalientes, no diré, don Pedro de Ceballos, que eso sería mucho decir, pero ese mismo don Martín I, que sin instrucción ni ideas elevadas, ni otra luz que su instinto, estaba previendo de tiempo atrás y respecto de las colonias, lo que Liniers no sospechó hasta el momento inolvidable de los Papagayos.

Lo que el olfato fino de aquel lince de lord Strangford venía descubriendo desde que llegó a la América, a él no se le había ni ocurrido pensarlo. Esa visión del destino inevitable de estos países que los mismos criollos que iniciaron la revolución vislumbraron vagamente al día siguiente de reconquistar a Buenos Aires, a él le tomó de sorpresa el día en que lo sacaron para fusilarlo. Destinado por la suerte a ser el libertador del Río de la Plata, cuando menos, solo llegó hasta el modesto papel de un fiel y obsecuente vasallo del estúpido Fernando VII y de la España desorganizada de Carlos IV y de Godoy. Podrán bordarse alrededor de su actitud sobre su fiera lealtad, todos los ditirambos que se quiera, pero las cosas de la política y de la historia no se miran por el objetivo estrechísimo del mérito individual, sino por el de si un hombre destinado por la Providencia, la fatalidad, o por lo que se quiera, a llenar una gran misión histórica, tuvo o no el sentimiento de ella. La verdad sea dicha, salvando todo el profundo respeto que se merece el general Liniers, su situación, con respecto a los sucesos posteriores a 1806, era jocosa. El inexperto marino pasaba el tiempo mirando a un puerto al que él creía que su ingenua fidelidad llevaba la nave, y no había advertido que le cortaba las amarras y hacía proa en otras direcciones.

Toda la perfidia de España para con él no fue bastante para iluminarlo, para irritar la sensibilidad indiferente en todo lo que no fuera sus preocupaciones pueriles y despertar en el espíritu indeciso y amorfo la fuerte protesta de su amor propio ofendido. Semejante tolerancia, que historiadores benévolos han llamado modestia, pero que en el vocabulario de la psicología tiene otro calificativo más duro, acabó de inutilizar al afortunado paladín, a quien la suerte creyó destinar malgré lui el pomposo papel de libertador

66

si un poco más de luz hubiera vibrado en el cerebro tan lento y apocado para la reacción. Si cuando Cisneros llegó a Buenos Aires a hacerse cargo del gobierno, Liniers resiste, como quería la opinión nacional, la Revolución estaba consumada, y el ídolo de la muchedumbre argentina consagrado en su augusto papel. Pero faltó el hombre, que no pasó nunca, según apropiadamente lo dice el general Mitre, de una improvisación histórica. Por eso su pedestal inseguro acabó por derrumbarse apagando el entusiasmo ferviente de la multitud.

Los que han podado la figura frondosa del héroe de la Reconquista quitándole la parte de artificio y maquillage que le había dado la ilusión de la multitud, han hecho bien. Cuando un hombre queda aplastado por el peso de una misión trascendental, que no ha podido sobrellevar por exigüidad de músculos y estrechez de cabeza, hay que dejarlo enterrado, porque la gratitud personal y la complacencia de los contemporáneos es una cosa, y otra el juicio frío de la historia, que mucho hay que tener presente en las cuestiones en que está interesada la verdad y la justicia.

Capítulo IV. Las multitudes de la emancipación

A menudo la multitud es un simple instrumento y entonces sigue rumbos cuya orientación procede de un sentimiento o de una idea-fuerza que evoluciona en su seno y la impulsa. Será un instrumento ciego e inconsciente, pero no es un simple instrumento siempre, tanto más cuanto que se le ve desde el principio, aun en medio de su inconsciente ceguera, moverse y obrar, como en el caso presente dentro de rumbos que la llevan fatalmente a un destino determinado. Una idea o un sentimiento, mueven a un pueblo con el empuje de cualquier otra fuerza, puesto que ellos mismos lo son: y los que tienen una concepción grotesca y equívoca de ese poder, no lo comprenden porque necesitan materializaciones brutales, algo así como ver salir el humo y oír los resoplidos del vapor para convencerse de ello; el concepto de la fuerza y del movimiento lo asimilan exclusivamente al de una locomotora que echa a andar por virtud de sus calderas palpitantes de calor.

La idea también es energía y, como ella, no se pierde sino que se transforma. Se insinúa en su médium cerebral como la luz en el suyo: el éter lumínico que llena el universo. Ella también, puesto que es fuerza, ha de tener como las demás, sus líneas eléctricas y magnéticas sui géneris, sus fluidos que, siguiéndolas, salgan de los cuerpos magnetizados para llenar el espacio y hacer sentir sus efectos a gran distancia. No está lejos el día en que, por análogos aparatos a los que Hertz usara para demostrar experimentalmente la existencia del éter, aquel maravilloso y sensible resonador, por medio del cual hizo la síntesis de la luz, se demuestre la posibilidad de que el pensamiento se transforme y se transmita por parecidos procedimientos. Si es verdad que nos falta el genio severo de Helmholtz y de su inolvidable discípulo, ya vendrá el luminoso espíritu que nos enseñe ese misterioso huésped de la célula gris transmitiéndose como la palabra e inscribiéndose como la luz en otro espectroscopio sorprendente de revelaciones. Enseña la Física, que la energía producida por algunas fuentes atraviesa el espacio en un flujo continuo, que viene a romperse contra el conductor eléctrico transformándose en calor a su contacto: «la chispa es una oscilación brusca, quizá una rotura del éter, el magnetismo una serie de pequeñísimas corrientes circulares que se producen dentro del imán». ¿Por qué el pensamiento no ha de ser algo parecido, que engendre en el cerebro verdadera fuerza motriz colectiva? y ¿por qué las investigaciones del porvenir no nos han de enseñar a interrogarle dentro de su resonador adecuado, transmitiéndose como el calor y la luz y transformándose como ellos?...

Se ve moverse a la multitud nerviosamente, ir y venir del Cabildo al Fuerte, y del Fuerte derramarse por las calles, alternativamente zumbona y decidora, como cuando persigue al fiscal Gorbea Badillo en sus procesiones ridículas de desagravio, o terrible como cuando pide la cabeza del coronel Pack. El terreno retumba noche y día, los grupos, como las nubes de tormenta, están en continuo movimiento, y el aire oscuro y caldeado, vibrando en el horizonte y cargado de vapores, forma torbellinos que amenazan arrastrarlo todo.

Hemos llegado a la época de su mando despótico e incontrolado. Ella manda y hay que cumplir sus órdenes que traen un impulso secular.

¿Qué tropa es esa? Preguntaras monarca muy benigno.

¡Ínclito Señor! ésta no es tropa: Buenos Aires os muestra allí sus hijos: Allí está el labrador, allí el letrado, El comerciante, el artesano, el niño, El moreno y el pardo: aquestos solo Ese ejército forman tan lucido, Todo es obra, Señor, de un sacro fuego Que del trémulo anciano al parvulillo, Lo ha en ejército convertido.[89] Su espléndida victoria del 5 de julio «había sido alcanzada sin ningún elemento militar, nada más que por los esfuerzos y la bravura del vecindario».[90]

Ningún poder humano podía evitar ya los arrebatos de la plebe que andaba encabezada por los jóvenes, larvas de futuros *meneurs* formadas en los últimos años del siglo anterior.[91]

Estaba, dice el doctor López, infatuada, enloquecida por la gloria y la pasión del triunfo, nadie podía, en efecto, contenerla, ni encarrilarla en las líneas severas de la paciencia y de la sumisión. La revolución de la independencia sentíase palpitar en su seno, y como decía Mirabeau, con el bronce fundido esperando el molde en que debía vaciarlo. Los hombres de pensamiento vacilaban; una angustiosa incertidumbre los ataba, mientras a ella

---

89 Vicente López y Planes, *El triunfo argentino*, poema heroico (véase: *Historia de la revolución argentina*, V. F. López, tomo 2.º, pág. 181).

90 V. F. López, *Historia de la República Argentina*, tomo 2.º, pág. 181.

91 V. F. López, *Op. Cit.*, tomo 2.º, pág. 181.

veíasela embarcada ya, proclamándola a grito herido. «Las cabezas subalternas, agrega el autor de la *Historia de la revolución argentina*, estaban todos inflamados y en pleno alzamiento, arrebatados por esa acción volcánica que se produce a veces en los senos impenetrables de los pueblos. Pero las altas entidades de la comuna vacilaban, y aunque no podían desconocer que el torrente avanzaba amenazadamente, aplazaban el momento decisivo y de cuando en cuando cobraban esperanzas de salvar el conflicto mejorando las condiciones del gobierno administrativo».[92]

La revolución no surge de improviso, como se ha visto, por obra de inspiración o provocada por las invasiones inglesas; es el resultado final de una larga serie de esfuerzos, primero aislados, luego en grupos, y por fin colectivos, de multitud, que vienen desenvolviéndose en el curso de dos o más siglos, según creo haberlo demostrado. Esta mancomunidad de esfuerzos e impulsos pequeños, que produce resultados tan grandes y trascendentales, desconcierta nuestra rutina, acostumbrada a no cotizar sino la acción personal del «hombre representativo» exclusivamente. Los factores no son ellos solos. El pobre campesino, el brujo y el nigromántico de antaño, que encarnaba aquel espíritu de rebelión a que antes había hecho referencia, transformado ahora en espíritu de independencia, reclama su partición cual otros tantos hombre-carbono, cuya afinidad vivaz les permitió formar más fácilmente asociación y multitud; como la reclama el oscuro hereje anónimo que se consume en la hoguera por haber dicho que un mejor régimen venía para el Perú; el fraile libidinoso y desordenado que predica «la visión de un nuevo reino y hiere los derechos y gobierno de S. M. en estas colonias», pereciendo en el dolor del tormento; el labriego obtuso, el burgués embriagado por el entusiasmo, el hombre de la multitud, para decirlo de una vez, que en época más cercana también se asocia y muere al lado de Túpac Amaru en los valles silenciosos del Alto Perú, con Antequera en las márgenes del Tebicuarí, en Chuquisaca y La Paz, en 1808.

La multitud realiza hoy la independencia de América y mañana creará la tiranía de Rosas o la anarquía de 1820, como el torrente de agua mueve aquí metódicamente la rueda muda del molino, para amasar el pan de cada

---

92   López, tomo 2.º, pág. 427.

día, y más allá para devastar la comarca llevándose por delante los hogares y ahogando a cuantos carecen de fuerza para luchar contra él.

¿Es en el primer caso buena y noble, y en el segundo mala y pérfida? En los dos es fuerza simplemente, y las fuerzas funcionan sin los propósitos que informa la moral convencional, aunque en determinados casos se la pueda encarrilar y dirigir. El calor y la electricidad son iguales así cuando fecundan la semilla con el amor de su temperatura, cuando iluminan y llevan el pensamiento humano a las distancias maravillosas que alcanza, como cuando incendia los campos y las ciudades dejando al hombre en la miseria o hieren y destrozan con el rayo la cúpula soberbia de los templos. Sin embargo, no puede uno defenderse del sentimiento de admiración que en presencia de ciertos hechos suyos le invade al alma y la palabra noble y generosa le salta a los labios llenos de emoción. Y cuando comete infamias, como la idolatría de las violencias de Rosas, desprovistas de heroísmo, los trágicos horrores de las tiranías y las miserias de la terrible época, la blasfemia, la imprecación violenta de ¡prostituta! y ¡cobarde! le queman los puntos de la pluma, trémula de ira.

La multitud no es lo que llamamos comúnmente el pueblo, el conjunto de habitantes de una ciudad o de un país, sin que por esto piense que no pueda, todo él, en determinadas circunstancias, presentársenos como de multitud. Es, más bien, el conjunto de individuos en quienes la sensibilidad refleja supera a la inteligencia y que en virtud de esa disposición especial se atraen recíprocamente con mayor fuerza de asociación, como diría Gall, que los que con mejor control cerebral resisten a ella por predominio del razonamiento. Como a mayor sensibilidad corresponde mayor plasticidad, la impresión es más intensa y uniforme, más fácilmente difundible y transformativa, porque faltan las facultades críticas que someten la impresión a una lenta y metódica elaboración superior. Basta que sea levemente rozada la sensibilidad para que la reacción rápidamente se produzca y se propague fuera, porque en ellos el arco reflejo no tiene que pasar por los elevados aparatos de la inteligencia que enfrían y retardan la vuelta centrífuga.

Los apáticos, los temperamentos apagados, o los que con razón suficiente para asegurarse la independencia del espíritu no dejan predominar al sentimiento, los que viven del pensamiento y bajo el influjo de propias o ajenas convenciones intelectuales, no son generalmente sujetos de multitud. Se necesita, pues, una impresionabilidad especial, una susceptibilidad de cierta índole elemental, para recibir más pronto, y con mayor intensidad que los demás, las confusas reacciones internas que otros operan tarde o fríamente. Para decirlo más claro: son temperamentos análogos a la sensible placa fotográfica que va fijando, a medida que los recibe, los detalles de un objeto. En virtud de ser todo órgano de percepción, y de nula o mediocre intelectualización, van recibiendo en el turbio inconsciente, uno a uno, los detalles de una de esas grandes ideas que a ellos llega en forma de vago sentimiento, y que, por paulatina evolución, viene surgiendo del seno profundo de las naciones.

No es cuestión de inteligencia; nada tienen que ver en ellos las facultades superiores del pensamiento; es el instinto de las cosas el que los hace ir en un sentido o en otro, obedeciendo más pronto que los otros, al impulso de las fuerzas que los lleva a su destino, porque falta la inteligencia directora y sobra la sensibilidad, que es ciega y dominadora; porque sobra el instinto y falta la conciencia. Haré más claro mi pensamiento diciendo que reciben el estímulo de la luz como las larvas de dípteros en que experimentaba Pouchet, o como los quilópodos ciegos de Plateau, que sin tener ni aun rastros de un aparato visual, todo su cuerpo se siente herido por ella reaccionando inconsciente, pero vivamente. Hay algo, digo mal, hay mucho de animal en esa secreta obediencia de la multitud que en virtud de la ya notada disposición mental, se hace apta para verificar ciertas funciones, sin haberlas aprendido y sin que el entendimiento pueda guiarla en el camino.

Un país pasa en determinadas épocas por estados o situaciones morales que favorecen o provocan la formación de multitudes, así como en otras el estado general de la salud es propicio para la introducción y cultivo de un germen epidémico. En el primer caso, el más leve rumor, la menor emoción, la causa más pueril, provoca y organiza las multitudes, que en circunstancias opuestas y con otra disposición de espíritu, sucesos sensacionales encuentran indiferente. Esa especie de afinidad molecular que precipita a los individuos valentes de la colectividad, el uno hacia el otro, está ausente o dormida si esto último sucede. ¿Cuántas veces una media docena, no ya uno solo, de focos contagiosos no consiguen difundir un germen en una población abierta que en otras circunstancias, rápidamente se infecta por un trapo sucio que descuidos explicables introducen? Tal sucede con las cosas morales: la constitución psíquica, como en el otro sentido la constitución médica, es propicia o no lo es. Interviene algo análogo a aquella inminencia de contractura en virtud de la cual un leve traumatismo basta, según Charcot, para provocar la violenta contracción de un músculo que no creíamos en peligro; y diríamos entonces que, para determinar el fenómeno social a que aludimos, es necesario que una población se halle en inminencia de multitud, que tal fue lo que sucedió durante toda la época en que se desarrollaron los sucesos de la guerra de la emancipación argentina.

La obsesión dolorosa de Cisneros era precisamente esa multitud, de cuyo poder enorme tenía una idea tan exagerada que lo hacía cauteloso y tímido en sus determinaciones más pueriles. Su imaginación, atormentada por mil supersticiones, avivaba, al menor rumor callejero, el recuerdo de aquel gobernador de Cartagena, asesinado y destrozado en las calles por la muchedumbre y a quien hacía poco había reemplazado.[93] El sangriento suceso lo asediaba y un terror deprimente mantenía alerta el instinto previsor de la vida, sin embargo de que Cisneros era un valiente, probado en las vicisitudes de las últimas guerras españolas. Entre una condescendencia política, a las veces nada pueril, y el terror de un tumulto, optaba resueltamente por lo primero,[94] lo que había acabado por inutilizarlo para la acción enérgica que los sucesos le imponían. Esa inquietud de su espíritu perseguido se traducía en las mil precauciones, harto ridículas, que tomaba contra el fantasma. Tenía el alma embargada por el terror de las muchedumbres; suerte de malestar morboso que invade a los militares que llegan sin aptitudes al poder y del cual, aun siendo como Cisneros «valiente como las mismas armas», se sienten poseídos inesperadamente. Es una fobia conocida y estudiada, que cuando afecta otras proporciones llega a producir aquella sensación de *atroce etouffement et d'angoisse si pénible* que describe Beard.

Estos militares acostumbrados a la fibra rígida que hace al soldado dócil y dúctil al mismo tiempo, por la influencia atrofiante que la disciplina ejerce

---

93 Mitre, *Historia de Belgrano*, tomo 1.º
94 Mitre, *Historia de Belgrano*, tomo 1.º, pág. 309.

sobre la acción individual, viven temiendo a esta entidad equívoca cuya psicología y trascendencia les es desconocida.

El hombre de la multitud, con sus misteriosas vinculaciones y la estrategia particular con que lo exorna el miedo, los intimida por lo mismo que le atribuyen, a cada uno de sus miembros separadamente, el poder de la masa, su resuelto y decidido empuje, sus artificios subterráneos. La desconfianza del cauteloso espionaje ejercido con la comodidad del anónimo, el aspecto casi igual de todos, que aunque vistan trajes distintos, o tengan estaturas opuestas, parecen mostrar rasgos iguales en la forma y en la altura, logran, para el perseguido mandón que vive bajo la sospecha o para el simple gobernante alucinado, que ese hombre, solo o dentro de la masa, aparezca con proporciones inusitadas de poder.

Vivía Cisneros sospechando más de ellos que de los patricios, cuyo trato amable y frecuente le había alejado toda sospecha. Y desconfiaba con fundados motivos, porque, en efecto, el sentimiento de su valer estaba ya maduro en el alma, no por profesión de ideas o principios bebidos en los libros o en las prácticas de las instituciones políticas, inútil parece decirlo, sino porque se sentía con alas ambiciosas y tenía notas viriles en sus gritos, como el ave adulta que va a ensayarse en la première couvée después de largo reposo invernal. Iban derecho, movidos por un agente del que no tenían conciencia; caminaban como el buey que ara o el caballo que tira de un carro, sin saber cómo se llama lo que arrastran, si la semilla que distribuyen en el surco fecundo sirve para alimentar a un pueblo, enriquecer a un mundo o engrandecer a una República.

Al estudiar el estado mental de las clases sociales de la época, bien se advierte la notoria diferencia de situación moral.

Ya hemos dicho antes que mientras las capas superiores estaban todavía en los pródromos de los grandes acontecimientos de mayo, entregados a las beatitudes de la vida colonial y haciendo tranquilamente la digestión de la frugal merienda, las inferiores vivían entregadas a una vida de borrasca y en plena insurrección. Desobedecían toda autoridad, provocaban al preboste, y riñendo con el alcalde y el juez hacían gala de un espíritu de indisciplina e independencia llenos de la traviesa ironía que bien se trasluce en todos esos modismos pintorescos que alguien ha recogido en el capítulo de un libro célebre. El campo y los suburbios de la ciudad estaban de tiempo atrás plagados de gente que no tenía ni ley ni rey, y que reía con una deliciosa audacia de la autoritaria solemnidad con que el último corchete del virreinato pretendió representar a España. A pocas cuadras de Buenos Aires vivía en fermentación el famoso callejón de Ibáñez, refugio de salteadores, cuyas vanguardias distribuidas en una serie de huecos cubiertos de altas malezas y arbustos, eran madrigueras impenetrables. En los campos del Talar, un poco al norte de la ciudad, «se ocultaban verdaderas divisiones de malhechores en armas, reclutados de tiempo atrás al favor de las guerras con los ingleses y del desorden social con vagos y criminales, que obtenían en esos fondos oscuros impunidad y protección contra la justicia. Desde allí asaltaban a mano armada las poblaciones hasta dentro de la ciudad misma, teniendo sometidos al terror a todos los habitantes que trabajaban o que poseían algo».

Poco importaba que Cisneros hubiera organizado fuertes partidas de dragones que los ponían en dispersión después de haberlos sableado impunemente; porque los atrevidos trovadores a su manera, llegaban audazmente hasta las tiendas de los suburbios, saqueábanlas, y dejaban inermes aquellos de los bravos dragones del virrey que se les atrevían. El duelo a cuchillo era la manera más ejecutiva de resolver sus contiendas a la puerta de la pulpería, donde esas libres voluntades se reunían a beber, a tocar la guitarra y a cantar la trova sui géneris, que aunque inarmónica y arrítmica, siempre encerraba alguna alusión picante a la decadente autoridad del mandón valetudinario. El mal había tomado las proporciones de una verdadera epidemia moral, dice el autor de la *Historia de la revolución argentina*, y agrega: que no eran riñas de partidos, ni de opinión, sino meras disputas las que servían de pretexto para acreditar ese valor, para satisfacer el espíritu bélico que se había apoderado del pueblo y que parecía a la vez síntoma de la revolución social y política que hacía su camino. Y sin embargo, los sablazos de los dragones, la cárcel, el cuartel de artillería, el presidio, todo fue ineficaz para extirparlo.[95] Era el desborde de un río cuyas turbias aguas iban a extenderse hasta 1820 en que «decrecería por el influjo del trabajo» y por otras razones de vida política y social.

---

95   V. F. López, *Historia de la revolución argentina*, tomo 2.º, pág. 443.

Del seno de la muchedumbre sale, pues, la fuerza trascendental de la revuelta y de la desobediencia, agente de las iniciativas y de la acción eficaz en todos los primeros acontecimientos de la emancipación. Hay en ella una tendencia constante e invariable hacia la independencia, una visible y sugestiva espontaneidad dentro de su misma inconsciencia, y ni aun las glorias deslumbradoras de Napoleón, cuya figura llegaba a los sentidos con magnitudes y lumbres de un ensueño, pudo desviarla de ese camino a que parecía marchar guiada por una aguja de marear invisible o como si las articulaciones del misterioso timón que fijaba el rumbo se hubieran anquilosado en la primera actitud que le fijara inspiración desconocida.

Las incertidumbres y torcidos manejos del Cabildo, nada más que por su acción, quedan destruidos apenas enunciados. El nombramiento de Cisneros para la presidencia de la nueva Junta es derogado por un movimiento de su irritabilidad celosa; y cuando Belgrano y Saavedra van a manifestar al Cabildo reunido en sesión secreta, el descontento y la protesta general, lo hacen empujados por la multitud,[96] que ya vive organizada y que es la que en realidad tiene todas las iniciativas. El espíritu demasiado conservador del patriciado porteño que, al fin y al cabo, lo constituían buenos y tranquilos vecinos, sin malicia suficiente para barajar cosas tan espinosas, tenía su eficaz correctivo y su centro inhibitorio en el ímpetu impulsivo de la multitud. Aquellas buenas gentes soñaban con una revolución pacífica, según el término consagrado,[97] mientras la masa estaba ya en la calle con las armas en la mano, discutiendo la nueva forma de gobierno; y la revolución no toma su allure definitiva sino cuando siente que su mano huracanada le toca violentamente la espalda para obligarla a marchar.

La inútil discusión de teológico sabor que tuvo lugar el 20 de mayo en el Cabildo, permite percibir más que el murmullo de una revolución, las agitaciones inofensivas de dos pleitistas en un día de juicio verbal; y traduce los terrores y las incertidumbres de que estaban poseídos los patricios ante el grave problema, cuya trascendencia no alcanzaron sino cuando los sucesos les dieron la conciencia del destino a que iban fatalmente arrastrados. Es

---

96   Véase: López, *Historia de la revolución argentina*, tomo 2.º; Mitre, *Historia de Belgrano*, tomo 1.º, etc. etc.
97   Véase: Mitre, *Historia de Belgrano*, tomo 1.º, págs. 315, 316, 325, 334, 338 y 340.

indudable, sin embargo, que después se agigantan en el sacrificio y en la acción, ya que no en el pensamiento, que, salvo excepciones contadas, fue miope en la mayoría de nuestros próceres.

Era, si no me equivoco, el día 22 de mayo. El Cabildo, en cuyo seno había ejemplares irreprochables de aquel abogado del antiguo foro español, lleno de astucia y ergotismo tenebroso, tenía el triunfo en su mano y pretendía detener, cuando menos, la revolución que ya devoraba el poder de los virreyes. Habían conseguido el asentimiento complaciente de don Cornelio Saavedra, nada menos, «una de las cabezas visibles de la revolución»[98] para la ejecución de los proyectos que echaban por tierra todos los propósitos patrióticos de los insurgentes futuros; era, punto más punto menos, un restablecimiento solapado, pero audaz, del virrey Cisneros bajo la forma de presidente de la Junta, con algún otro agregado dilatorio tendiente a ganar tiempo, burlándose de la candorosa buena fe de los revolucionarios. El «señor Comandante de Patricios siempre inclinado a evitar los extremos», lo que a ser cierto demostraría que tampoco sospechaba la trascendencia del movimiento de que era tan principal actor, «aceptó sinceramente el temperamento del Cabildo», y su voto arrastró el de los demás jefes de la fuerza armada. Éstos se comprometieron a sostener a la nueva autoridad que iba a instituirse, es decir, al señor Cisneros, disfrazado de presidente de una Junta, en la que, por supuesto, predominaba el elemento español.[99]

Por el momento estaba, pues, perdida la revolución. Sus jefes militares e iniciadores principales, entregados al amo viejo que los enredaba en el inextricable tejido de sus argucias teológicas: la inocencia de aquellos hombres buenos que pretendían cambiar substancialmente un régimen secular, como si dijéramos una diátesis política, sin derramar una gota de sangre, había pagado su caro tributo.

Las cosas habrían quedado así, por lo menos hasta más tarde, un hasta más tarde tal vez remoto, a no haber entrado en el escenario ese nuevo actor del drama, tan viejo sin embargo, que hacía ya dos siglos que venía labrando la obra de la emancipación americana.

---

98 Mitre, *Historia de Belgrano*, tomo 1.º, pág. 316.
99 Mitre, *Historia de Belgrano*, tomo 1.º, pág. 334.

Un rumor sordo de descontento cundió hasta los suburbios, y empezó a circular por las plazas y las calles de la ciudad, concurso numeroso de gentes que nadie había citado ni dirigido.[100] Por una secreta atracción iban todos llevados por el mismo impulso y en la misma orientación. ¿Quién los llamaba? ¿Qué caudillo los capitaneaba? ¿Qué misteriosa simultaneidad de sentimientos había herido los resortes de su sensibilidad moral para arrojarlos así, a una misma hora y de barrios apartados, comunicándoles el sentido de una acción tan unísona? El peligro provocaba rápidamente la formación de la multitud, como si el instinto de la visa que guarda su seno, despertara ese sentimiento de la oportunidad que en las cosas de nuestra historia le asignan un papel en ocasiones tan curioso.

El día estaba opaco y lluvioso, y como estimulada por el frío que promueve la deambulación de los temperamentos excesivos, la multitud, vibrante de indignación y entusiasmo, pero silenciosa, porque iba resuelta, comenzó a agruparse en la acera de la Recoba Nueva. Se manifestaba grave y poco bulliciosa como si no quisiera ser oída al deslizarse rampando por esas calles oscuras, y hasta entonces calladas, de la ciudad heroica. Nadie la había invitado; los directores de arriba estaban sumidos en la parálisis del estupor causado por la estrategia de los cabildantes. Era, pues, completamente espontánea en su apresurada concentración, y la propagación del incendio en las calles y en las plazas, en las pulperías de los suburbios y en los tétricos tendejones donde se reunían los habituales tertulianos, en los cuarteles y en los cafés escasos de la época, acabó por despertar la fibra dormida, como si una viva repentina corriente de caluroso fluido hubiera inesperadamente excitado los resortes de la motilidad. Estimulante como el líquido vital cuando acaba de regenerarse al manso contacto del oxígeno, inundó de entusiasmo los corazones de todos; la vida venía de abajo a la manera de una de esas frescas y abundantes columnas de agua surgente y pura, que bañan y fecundan el suelo, inundando la naturaleza de sana alegría.

Los pacíficos revolucionarios echaron también a andar aguijoneados por naturales estímulos; los grupos se animaron y crecieron como por obra de encantamiento, y pudo decirse que la aldea, antes inocua y gris por el estado atrófico de los espíritus y del tiempo mismo que era neblinoso y triste,

---

100 Mitre, *Historia de Belgrano*, tomo 1.º, pág. 335.

se iluminaba de pronto, cambiando los temperamentos y transformando la apática inacción del despecho en el vibrante impulso del entusiasmo. La multitud invadió el cuartel de Patricios, y aunque ellos, multitud también en ese instante crítico por que atravesaban, no necesitaban bríos, dejáronse dominar por el nuevo estímulo caluroso que rebosaba en ella. Los capitanes se pusieron al frente de sus compañías, al ruido imperativo del tambor que llamaba a la batalla; el ardor del combate futuro animó las fisonomías de todos, y en los patios, y en las cuadras, estrechas para contener las gentes que paulatinamente las iban invadiendo, comenzó a circular aquella onda copiosa de calor que llega al corazón emocionado en el momento en que el contagio sagrado abre ancha puerta al entusiasmo de la muchedumbre. Los oficiales de los otros cuerpos mezclados a los grupos, hablaban y fraternizaban en ellos; «a los gritos del pueblo indignado, las compañías acuarteladas del resto de la fuerza se unieron con él con demostraciones de entusiasmo; unidos a los demás militares allí presentes y a los agitadores de la plaza pública, se juntaron en asamblea permanente en los salones de la mayoría», protestando de la necesidad de resolver la cuestión por las armas, derribando la autoridad constituida por el Cabildo.[101]

Los acontecimientos siguieron en un crescendo que aterraba a Cisneros, porque la plebe se hacía cada vez más indisciplinada y agresiva; los grupos tomaban un aspecto pintoresco y heterogéneo; las caras parecían más exóticas y desconocidas, los vestidos extravagantes. La acera ancha del Cabildo era invadida a cada rato por gentes en tropeles bulliciosos; envueltas en largas mantas, capotes y bufandas contra el frío, prendas y distintivos tan hostiles a los usos corrientes, presentaban aspectos amenazadores no solo por su número y su entrain, sino también por el extraño y variado armamento, cuya inocuidad aparente demostraba su decisión y resuelto propósito de llegar, sin dilaciones ni estorbos, a su fin. Fisonomías de todas cataduras matizaban el cuadro, sin embargo, de que predominaban los sujetos con cara de pocos amigos, y aun ésta exagerada en sus rasgos por largas noches de incertidumbres y de insomnios. Todo ese infaltable arsenal doméstico, adorno habitual de las paredes y de los rincones de dormitorios y comedores, había sacado a relucir su vieja herrumbre y su temibilidad de desuso.

---

101 Mitre, *Historia de Belgrano*, tomo 1.º, pág. 359.

Gruesos pistolones bostezando por sus anchas y sucias bocas, trabucos con descomunales piedras, una que otra garabina con los movimientos anquilosados tras largo sueño en los desvanes polvorientos, agudos estoques, espadines inofensivos, cuchillos, facones, chuzos y hasta la afilada gurvia del criollo zapatero, constituía el particular armamento de la mayoría de la multitud entusiasmada que llegaba presurosa a las aceras del Cabildo.

Amaneció, por fin, el 25 de mayo de 1810, día opaco y lluvioso que obligaba a las gentes a cobijarse en las posadas y pulperías inmediatas. No hubo, pues, Sol de mayo.

Reunióse temprano el cabildo para tomar en consideración —dice el general Mitre— la renuncia de Cisneros y la representación del pueblo. El Cabildo «había contestado al virrey en la noche anterior que no debía hacerse lugar a la petición del pueblo y a él le tocaba reprimir con la fuerza de las armas a los descontentos, haciéndolo responsable de las consecuencias». Pero la tropa estaba desarmada y no podía hacer fuego; el virrey sentíase vencido por la fuerza de las cosas, porque el poder se había escapado de sus manos pusilánimes para refugiarse en el seno de la multitud. En tan crítico momento una inspiración propia de su sensibilidad femenil surge repentinamente en el cerebro de la multitud, necesita un símbolo palpable y material de su sentimiento, y entonces brotan en su mente los colores tan puros y tan sugestivos de la bandera nacional. Cuando French advierte que por inspiración anónima, todo el mundo usa un distintivo celeste y blanco, él y sus compañeros, que no lo tenían, entran en una tienda de la Recoba y lo adoptan con entusiasmo. Esa es la verdadera versión. Los colores del pabellón que ondeó después en la batalla y que como buen hijo de los cielos no degeneró jamás, no fue impulso de un hombre, porque nacieron del blanco y del celeste del firmamento, como dice el poeta. Paréceme que ese símbolo viene, por natural evolución, formándose en el corto período que media entre la revolución de Chuquisaca y la mañana crítica del 25 de mayo. Y si mi memoria no es infiel, y el dato fidedigno, ellos aparecen combinados, sin intención aparente, en la casual adopción, por parte del general Arenales, de una chaquetilla en que se hallaban distribuidos; luego los patricios lo toman como colores de su uniforme, y por fin, el 25 de mayo quedan consagrados como expresión y símbolo de la patria.

80

Verosímilmente es esa una cuestión de óptica más que de inspiración. El criterio científico debe atribuir la persistencia en el empleo de los bellos colores de la bandera, menos al corazón y a la inspirada mente de French, que al ojo de los habitantes habituados a percibirlos en el cielo de Buenos Aires con una insistencia, fatigante sin duda. La nube blanca, de capullo de algodón, es una viajera constante e infaltable del mes de mayo sobre el azulado fondo del vacío atmosférico en este cielo bonaerense tan poco variado en general. La retina vive, por eso saturada –diré así– de ese cromo monótono que se le entra a uno por los ojos, llenándole hasta la saciedad los aparatos receptores correspondientes del cerebro posterior, centros de intelectualización de la percepción visual. Sería curioso investigar cuántas veces están repetidas las palabras que a ellos corresponden, en nuestros cronistas, escritores y poetas más antiguos, para rastrear su influencia; procedimiento que el eminente profesor de oftalmología de la Universidad de Breslau, ha sugerido en sus bellas y luminosas conferencias sobre la Historia de la evolución de los colores.

La multitud, vestida con esos colores, que después debían ser progenitores y salvaguarda de la libertad de América, se dirigió en masa a los corredores de la casa capitular acaudillada por French y por Berutti, «que se apersonaron en la sala de sesiones y exigieron con firmeza que se cumpliese la voluntad del pueblo, deponiendo al virrey del mando e increpando al cabildo por haberse excedido de sus facultades». El Cabildo mandó llamar a los comandantes de las fuerzas para reprimir por medio de las armas lo que «en su ceguedad consideraba una asonada pasajera». «Los comandantes hicieron caer la venda que cubría los ojos de los cabildantes». Todos ellos, a excepción de tres que guardaron un tímido silencio, declararon terminantemente que no podían contrarrestar el descontento público, ni sostener al gobierno establecido, ni aun sostenerse a sí mismos, pues sus tropas estaban por el pueblo; que no veían más medio de impedir mayores males que la deposición del virrey, porque así lo exigía la suprema ley.[102]

Pero de repente la tranquila deliberación del Cabildo se ve interrumpida por fuertes y precipitados golpes sobre la puerta, que manos irrespetuosas, pero firmes y musculosas, hacían trepidar. Un movimiento de irritada sor-

102 Mitre, *Historia de Belgrano*, tomo 1.º, págs. 342, 343.

presa, altera la solemne compostura de aquellos arúspices asombrados de tanta osadía. Era la multitud que no delibera, y que cansada de la expectativa «quería saber de lo que se trataba». Los corredores comenzaron a llenarse de gente de diversos aspectos, con sombrero encasquetado, miradas provocativas y actitudes resueltas; mil dicharachos de sabor suburbano y esencialmente criollo, partían de allí para estrellarse como pelotillas de papel, en la grave apostura del cabildante fosilizado.

El orillero, feliz al tutearse, por fin, con el alcalde y con el decente de arriba, había adquirido una confianza y una conciencia de su valer que se traslucía en su fisonomía, animada por esa alegría irónica y traviesa tan peculiar del compadrito bonaerense. Unos proponían arrancarles el mantel punzón de la mesa; otros sacarles la chapona y largarlos a la lluvia en mangas de camisa; otros... pero en ese momento en que la confianza y la chacota peligrosa iban tomando proporciones desagradables, intervino el comandante don Martín Rodríguez para reponer en su profanado altar el respeto que el guarango de la multitud del suburbio había sido el primero en profanar. Don Martín Rodríguez, que siempre tenía una frase popular para halagarles el oído, y que entre ellos era, hasta entonces personalidad sobresaliente, pudo contenerlos asegurándoles que todo se arreglaría como deseaban. ¿Y qué era lo que deseaban? ¿Sabíalo acaso el mismo comandante Rodríguez?... La multitud ya no quería únicamente la deposición del virrey, quería una Junta, quería un gobierno suyo, quería, mejor dicho sentía la Independencia, en la que tal vez no pensaban todavía los hombres de letras y de libros, ajenos entonces a las cosas de la vida.

Llegados a este punto, ni el Cabildo, caduco y valetudinario, ni los jefes de las fuerzas, vivamente sugestionados por sus tropas, formando parte de la multitud, ni los patricios, directores aparentes del movimiento y reacios a toda evolución radical, podían gobernar ni dirigir a la muchedumbre. Solo ella mandaba, solo ella dictaminaba con ese vivo carácter de impulsibilidad refleja que es la característica de su mentalidad. Ausente la reflexión tranquila y serena que mantenía en la dura incertidumbre a los directores, solo la sensación violenta huyendo del control saludable de los aparatos superiores, regía los movimientos, casi animales, de la turba, que ya risueña, ya grave y siniestra, iba inconsciente, pero no menos segura, a su destino ineludible. Esta revolución es el más vivo ejemplo del vigor de su mayor edad. En la historia de la emancipación americana, esa ciega orientación de las multitudes argentinas es su peculiaridad más constante.

Todos los subterfugios del Cabildo fueron inútiles. Intimidado al fin, diputó a dos de sus regidores, acompañados por el escribano de la corporación, «para requerir al virrey a que hiciese absoluta dimisión del gobierno, sin traba ni restricción alguna, porque de lo contrario no respondía de su vida, ni de la tranquilidad pública». El virrey se sometió si bien quería protestar de violencia y fuerza, lo que no fue admitido.[103]

Estaba, pues, todo consumado. Faltaba la cabeza directora del movimiento, y ésta brotó de la inspiración de un caudillo que surgió del seno de la misma multitud. El «fogoso Berutti, iluminado por una de sus inspiraciones súbitas», «tomó la pluma y escribió varios nombres que fueron los de los miembros del primer gobierno», «y contagiados de tiempo atrás por lo que estaba sucediendo en España, pidieron, a la par que la deposición del virrey, la creación de una Junta». Sea como fuere, inspiración de Berutti o indicación anónima, lo cierto es que la muchedumbre consagra la creación como veremos después, y su composición fue un ejemplo vivo de multitud homogénea.

En efecto ¡qué transformaciones morales se operan luego, en la estructura de esos hombres por el solo hecho de hacerse multitud! Dentro de la Junta, todos ellos, son como otros hombres, como si por sortilegio inesperado hubiéranle sacado a cada uno su alma y puéstole otra en su lugar. Aquellos vecinos, antes mansos y debonarios, eran ahora agresivos, audaces y de una actitud violenta. Parecían animados de algo interno que los obligara a ir siempre adelante, y en el mismo tren de impulsibilidad irreductible. Es un rasgo genuino del alma impresionable de la multitud: intelectualmente muéstrase siempre inferior al hombre aislado, y moralmente, si no inferior, casi siempre distinta. La multitud es a menudo criminal y algunas veces heroica,[104] porque es sobre todo irreflexiva y, como dije, más que nada sensitiva e inconsciente. Por eso tal cual sucedió con la nuestra, fácilmente se la lleva a hacerse matar por el triunfo de una idea o de una creencia, que vaga y confusamente cono-

103 Mitre, Informe de Cisneros, *Historia de Belgrano*, tomo 1.º, pág. 343.
104 Le Bon, *Psychologie des foules*, pág. 20.

ce después de mucho bregar, entusiasmándola con la gloria y el honor, «sin pan y sin armas, como en el tiempo de las cruzadas, para libertar del infiel la tumba de un Dios, o como en el 93 para defender el suelo de la patria». Heroísmos un poco inconscientes sin duda, pero es con ellos con que se ha hecho la historia, y si no pudiéramos poner en el activo de los pueblos más que las grandes acciones, fríamente razonadas, los anales del mundo serían bien pobres por cierto.[105]

La Primera Junta entra en acción con empuje de ariete; esa fue sin duda la salvación de la Independencia, por más que hagáis aspavientos femeniles, vosotros los que apreciáis más la vida de media docena de hombres, cualquiera que sea su elevado rango, que el triunfo de una gran idea moral. Si se compara lo que eran en sus hogares templados aquellos caracteres que tales transformaciones sufrieron al constituirse en cuerpo colegiado, veremos cuán cierto, y cuán sugestivo para el buen conocimiento de la historia es todo aquello que tan juiciosamente apunta la psicología de las muchedumbres. Aislado un individuo, es probablemente culto y sencillo, apenas agresivo en su defensa; en multitud es un bárbaro, es decir, un instintivo; tiene, como dice Taine, la espontaneidad, la violencia, la ferocidad, como los entusiasmos y los heroísmos de los seres primitivos. Es más: tiende a aproximarse a éste, hasta por la facilidad con que se deja impresionar por las palabras y las imágenes que, posiblemente, sobre cada uno de los individuos aislados no tendrían imperio.[106]

Así, observa un conocido sociólogo, vemos a menudo a los jurados dar veredictos que desaprobaría tal vez escandalizado cada uno de sus individuos; asambleas parlamentarias que adoptan leyes y toman acuerdos que reprobaría en particular cada uno de los miembros que la componen. Sucedió en la Primera Junta lo que en la Convención francesa: tomados los miembros de esta última separadamente, eran como los de aquélla, tan solo burgueses esclarecidos de hábitos tranquilos y morigerados, «reunidos en multitud no parecían vacilar en la aprobación de las proposiciones más feroces y enviar a la guillotina a individuos manifiestamente inocentes».

---

105 Le Bon, *Loc. Cit.*, pág. 32.
106 Le Bon, *Loc. Cit.*, pág. 20.

84

Si en un principio estuvieron reacios, y como retenidos en su actitud de temerosa expectación, por un espíritu conservador amamantado a los pechos de aquel régimen en que habían nacido, luego que entraron en la corriente, se dejaron fácilmente arrastrar por el empuje de pasiones y sentimientos que nacían calientes a favor de su nueva transformación psicológica. Hay que admirar, sin duda, los hechos de su nueva vida, ¡qué heroica y bellísima actitud aquélla! ¡Qué noble franqueza para ir en busca de responsabilidades enormes! ¡Con qué tranquila abnegación se entregaron al sacrificio sin desfallecer un solo instante! Esta Primera Junta tiene el temple de acero de una espada de troquel antiguo, o de uno de esos enormes martillos con que la industria moderna reduce a humildes filamentos el tronco voluminoso de una vena de hierro. Rodeada de grandes peligros y responsabilidades, tiene que ser de una inexorabilidad brutal, pero eficaz. A cualquier parte donde dirigiera la vista no veía sino enemigos ¡y qué enemigos! Las provincias calladas, y en una reserva siniestra; en el Paraguay, su crecida población y sus numerosas indiadas movilizadas y prontas a echarse sobre Buenos Aires, obedecían ciegamente a Velasco, uno de los tenientes más adictos de Liniers; Paula Sanz tenía en sus manos los caudales de Potosí, y próximo a él estaba Nieto, feroz e implacable como un inquisidor, que disponía de la populosa provincia de Chuquisaca. Goyeneche, de tan abominable recordación, y con actividad nerviosa y agresiva, era el brazo derecho del marqués de la Concordia, virrey de Lima, que ejercía un mando absoluto en el Bajo y Alto Perú, por todas las costas del Pacífico y hasta los confines australes de Chile.[107] Todavía más grandes y amenazadoras sombras la rodeaban. Fuera de la capital, dice el doctor López, y de su campiña, todo el país estaba en manos del enemigo. Montevideo, que era una fortaleza inexpugnable, dominada por las armas españolas, contaba además con una escuadrilla bastante fuerte para poner en riesgo al puerto de Buenos Aires y las costas del Paraná; el general Concha, uno de los adalides de la defensa contra los ingleses en 1806 y 1807, gobernaba a Córdoba, que tenía a su lado nada menos que a Liniers, cuyo influjo sobre las milicias y habitantes de la capital era siempre

---

107 V. F. López, *Historia de la revolución argentina*, tomo 3.º, pág. 79.

de temerse, pues el prestigio de su nombre y de su gloria le atraería numerosas adhesiones en el momento supremo de la lucha.[108]

De ahí sus procedimientos rápidos, impulsivos, violentos como los de una
fiera herida, que se defiende a zarpazos, o dentelladas feroces. No la acuséis
de crímenes y de sacrificios inútiles, porque seréis injustos, y más que eso,
ingratos. Es menester matar para salvar la gran idea, humedecer con sangre
el territorio entero, aterrorizar, espantar a los pueblos para redimirlos. Su misión es contener, sofocar, destruir, cortar en carne viva. Sorda al lamento y a
la súplica que paraliza la mano, desparrama el terror por todo el haz del continente, como la lava de un volcán bíblico o como uno de esos ríos de metal
derretido que circulan en ondas rutilantes por entre los moldes colosales de
las fábricas, para convertirse luego en planchas de buque, cañones, fusiles,
en el arado fecundo y en la locomotora de ojos extraviados que atraviesa el
desierto entonando su himno destemplado de victoria. ¡Oh! levantad vuestros corazones hasta la admiración más intensa para tributar a esa Primera
Junta, salvadora de la emancipación argentina, toda la calurosa devoción de
vuestra gratitud y patriotismo.

La mayoría de sus miembros se agotan en ese primero y soberano esfuerzo; solo brillan un instante, como esos soles apagados, cuya extinguida
lumbre suponía Newton que se reavivara inesperadamente por los grandes
choques siderales. Saavedra, Matheu, Larrea, Passo, Alberti, son grandes
dentro del bello complejo de la Junta. Unos y otros necesitan de la vida colectiva de la multitud, para que su acción sea trascendental; instrumentos de
música cuya combinación crea las más admirables armonías del sonido, pero
que separados, algunos de ellos, solo producen ruidos y murmullos que se
confunden con los rumores humildes del ambiente. La psicología tiene, en
la combinación de los caracteres, sus sinfonías como la música. Hay mujeres
que, acompañadas de otras, resultan más bellas que solas, como hay hombres, y aun creaciones de la imaginación, que en grupos o en acciones de
dos surgen más interesantes e inmensamente más bellas que aisladas. No
sé quién ha dicho, recordando esa circunstancia, que Don Quijote en grupo
con Sancho, es más gracioso que sin el contraste estético del escudero:
«el grosero buen sentido del uno y el heroico ideal del otro, es lo que da

---

108 V. F. López, *Historia de la revolución argentina*, tomo 3.º, pág. 79.

carácter artístico al bellísimo conjunto». Rivadavia resulta con mucho mayor relieve dentro del hermoso grupo que forman los hombres de la Presidencia histórica de 1827, que fuera de él y aislado.

De entre ellos, Castelli es uno de los más genuinos pletogenetas. Era, sobre todo, un sensitivo de imaginación ambiciosa; fogoso e impulsivo como buen hijo de la multitud, pero que agotaba rápidamente sus reservas nerviosas en los ímpetus de su elocuencia tan fastuosa. Pronto se fatigaba aquella fibra, particularmente cuando se estrellaba contra una dialéctica fría y serena, tortuosa aunque sin brillo. El fiscal Villota, que le llevara en la sesión famosa del 21 de mayo, cargas en filas inconmovibles de argumentos casuistas y artificiosos, lo dejó mudo, porque resistió sereno los primeros ímpetus de aquel imaginativo. Paréceme, una de esas naturalezas violentas y calurosas que imprimen a los impulsos de los sensitivos un vigor de arranque incontrastable, pero de poca duración. A esa psicología obedecen todas sus determinaciones, su situación crítica en la asamblea del cabildo abierto del 21 de mayo, las resoluciones exabrupto y al parecer irreflexivas, cuando ocupaba la delegación de la Junta, y hasta su desaparición del escenario político, que ofrece hiriente contraste con la primera época de su vida.

Con todo, don Juan José Castelli era un hombre con cierto fondo de bondad ingenua e incapaz de una tentación maligna. No así don Mariano Moreno, que, a pesar de su elevado vuelo, parecía ser intratable, envidioso y de una combatividad de perseguido. La impresión que yo tengo de este gran político, es que sus exageraciones e intransigencias procedían de una cierta conciencia de su falta de valor personal, de un odio secreto y poco disimulado a las clases sociales en las que, por la modestia honorabilísima de su familia no había podido figurar. Entre los haces de luz de su hermoso talento, un observador curioso hubiera podido distinguir las líneas un tanto grises del temperamento misántropo, irritado por los estimulantes demasiado activos de sus nuevas funciones. Moreno, futuro dominador más bien que genuino hombre de la multitud, hubiera producido, con el andar del tiempo, y la natural prosperidad de su personalidad, tan voluminosa a los tres meses de actuación, una tiranía violenta aunque ilustrada, tal vez basada en el influjo de las muchedumbres que hubiese manejado como ariete. No sé por qué se me antoja que la reproducción moderna de su estructura mental, es el inolvidable Balmaceda, carácter en exceso vivaz y de una firmeza casi brutal, un poco frío e insensible en el procedimiento para y más pura del porvenir que no tuvieron sus contemporáneos. Tenía, además, Moreno, el gusano de sus dolencias físicas, como influencia determinante de ciertas punzantes asperezas del carácter. Ya se sabe que el vulgarismo mens sana in corpore sano es, a medida que la fisiología avanza, más cierto, y que más de una determinación moral obedece, en los temperamentos sensibles, a estados puramente mecánicos de los órganos. Visible exageración hay, sin duda alguna, en la semiología trascendental de aquella fístula del rey de Francia a la que Michelet atribuye tanta influencia; pero no me negaréis que una molestia de esa clase, establecida como adrede para irritar los nervios, ha de influir en las determinaciones caprichosas del paciente.

No titubeo en afirmarlo, aun corriendo el albur de que se me tache de sistemático: Moreno tenía cosas de perseguido, y verosímilmente sus rigores no obedecían siempre a la firmeza del carácter, sino a la malignidad que derramaban en el alma asustadiza los fantasmas de sus alucinaciones probables; diré más, a las reacciones de sus cobardías de perseguido perseguidor. Dígase lo que se quiera, parece indudable que el hombre genial se compone de esta informe mezcla de salud, ingenuidad, luz y sombras, locura y razón y que todas ellas, como otras tantas fuerzas, se prestan un concurso, cuyo mecanismo y fisiología aún no conocemos... ni sospechamos tal vez. No procederá el genio de la locura, como el hombre no procede del antropopiteco de antaño; pero no es imposible que en el primero de éstos encontréis órganos y rastros en la osamenta que han pertenecido al vertebrado antiguo y que os revelan que algo tienen que ver con ellos; como en el genio hallaremos con sospechosa frecuencia, auras de manicomio moviendo la rueda aérea que pone en marcha vertiginosa el complicado mecanismo de la cerebral relojería.

Moreno —se dice por quien podía saberlo— padecía de crueles insomnios, «en medio de los cuales veía el tumulto de sus enemigos acechándolo con puñales unas veces y otras encarcelándolo para arrastrarlo a la horca».

¿No es con el nombre de alucinaciones que tales cosas se designan en patología? Y si a eso se agrega que «su espíritu no encontraba la quietud del reposo, sino que, por el contrario, cuando tendía la vista a su alrededor experimentaba las emanaciones enfermizas de la soledad y del soliloquio;

88

que sentía relámpagos siniestros comenzando a vagar en las tinieblas de mil inquietudes, sobre la seguridad de su persona», etc.,[109] tendremos ideas de persecución cuando menos, sino ya una completa monomanía persecutoria, que no dudéis, es, cuando discreta, perfectamente compatible en muchísimos casos con el desempeño de las más grandes funciones públicas. No de otro modo se explicaría toda la psicología de ese grande e inquieto talento.[110]

Sucede con frecuencia en la vida de las multitudes, ya se constituyan bajo la forma de cuerpos colegiados, como en nuestro caso, o de muchedumbres, que esos espíritus vigorosos, pero ligeramente anormales, se apoderan, por razones que se explican, de la dirección, imprimiendo a todas las cosas un sello violento, por una especie de contagio o de sugestión profunda. Por otra parte, aprovechan para sus fines la disposición homicida primordial que explica los crímenes de la multitud y que son, junto con el egoísmo, calidades fundamentales del hombre, según Schopenhauer. Cuando esa disposición, decía el autor de El mundo como voluntad y como representación, se desencadena y rompe todo vínculo con la ley y con el orden, es cuando se manifiesta en pleno día ese bellum omnium contra omnes que Hobbes ha descrito de tan magistral manera en el primer capítulo de De Cive.

Los tiempos que atravesábamos eran de aquellos en que los crímenes que se cometen son la obra de «esos tres puntos del cerebro que comandan tiránicamente la razón y la inteligencia, es a saber: la crueldad, la combatividad y la imitación». En tan turbias circunstancias, el hombre que ha nacido cruel, o que tiene en su seno la larva de algún delirio, como el de persecución o de grandezas, por ejemplo, se arremanga y se hace gran proveedor del patíbulo. Y tendrá por imitadores la multitud «de los que no quieren sino un pretexto, una mano imprudente que les apriete ciertos resortes que ponen en movimiento su contenida malignidad, así como a los débiles, sujetos inminentes de sugestión de los caracteres poderosos, a quienes los buenos modelos, los ejemplos de prudencia y de razón, han hecho humanos y piadosos y en quienes las épocas normales mantienen los órganos de la

---

109 V. F. López, *Historia de la revolución argentina*, tomo 3.º, pág. 225.
110 Véase mi estudio sobre Mariano Moreno en la segunda edición de las *Las neurosis de los hombres célebres*, etc.

crueldad y de la imitación sujetos al labor ímprobas de la inteligencia y de los sentimientos».[111]

Pero como la virtud, la bondad, la fraternidad pueden ser calidades de un individuo, pero jamás de la multitud,[112] había que esperar, lo que necesariamente vino enseguida: cayeron primero los enemigos de la revolución a manos de la noble Junta y luego, lógica terrible de esa feroz psicología pletogenésica, comenzaron a derrumbarse ellos mismos, devorados por el monstruo. Apenas transcurrieron dos años escasos, cuando ya la mayoría caía en el destierro o en el patíbulo.

El cuadro era de desolación y acongojaba al ánimo más valeroso: se diría que es una sementera en la plenitud de su madurez, verde y lozana, envuelta en el humo y en las llamas, aquellas llamas inquietas y de colosales brazos abiertos que recorren, como animadas por vértigos de otros mundos, zonas inmensas devoradas por el fuego en breves instantes. Moreno, muerto en la sombra de un misterioso y repentino viaje; Alberti, miembro de la comisión de mayo, muerto también antes de ver consolidada su obra; Berutti y French, los dos tribunos del 25 de mayo, expatriados como vulgares delincuentes; Rodríguez Peña, el nervio del partido patriota en los días que precedieron a la revolución; Azcuénaga, Vieytes, ignominiosamente perseguidos y clasificados con epítetos,[113] para cuya fecunda invención, nadie posee el secreto como la multitud: fanáticos, frenéticos, hidrosponzoñosos de sangre, revoltosos insurgentes, etc., etc.[114]

Sin embargo, los hombres caen, los *meneurs* se suceden, las decoraciones rápidas de aquel teatro mágico, cambian, como los vidrios reveladores en la linterna mágica, y la multitud, firme y homogénea dentro de su misma heterog*eneida*d de elementos, no pierde un átomo de sus fuerzas, ni declina el propósito que la anima: el voluminoso caudal de agua que ha surgido de la tierra va con incontrastable fatalidad, a buscar su nivel. La revolución argentina es la más pletogenética de todas las revoluciones del Nuevo Mundo. Nadie la encarna o representa personalmente, como sucede en el otro

---

111 Lauvergne, *Les forçats, considerés sous le raport physiologique*, etc.; Sighele, *La foule criminelle*, pág. 62.

112 Scipio Sighele, *La foule criminelle*, 1892, pág. 62.

113 Mitre, *Historia de Belgrano*, tomo 2.º, pág. 6.

114 *Gaceta* del 15 de abril de 1811.

lado de América. Mueren los hombres, se transforman los sistemas, surgen y desaparecen las formas del gobierno, pero la revolución no sigue ningún paralelismo con ellos: la multitud argentina es quien la representa y la encarna, y la realiza hasta desagotarse en el primer período, para dejar el campo a otra multitud o a otro período de su misma vida que realiza otra obra de grandeza brutal e infecunda: la anarquía, Rosas, y las tiranías satélites.

Capítulo V. La obra militar de las multitudes de la emancipación

Curiosa a la par que instructiva, es la faz militar de las multitudes hasta el momento en que dejan de serlo para convertirse en el ejército disciplinado y compacto que recorre la América entera: las campañas del Paraguay, Tucumán y Salta, y las hazañas inolvidables de Güemes son su obra genuina.

La primera de éstas se desenvuelve dentro de una pura acción moral. Bello ejemplo de lo que puede la sugestión en la guerra, y que recientemente ha sido estudiada, en su curioso libro, por Félix Regnault. El poder moral, la acción intensa y profunda de lo que después ha llamado Wolseley «el encantamiento oportuno del prestigio», opera allí una función que sorprende en verdad. Belgrano pisa el territorio paraguayo con un puñado indisciplinado de gente que no tiene más arma que la audacia y la fe ¡en qué sé yo qué oculta providencia que los hace invulnerables! El pánico que infundía la política atemorizada de la Junta puesta en práctica por él;[115] el terrorismo de los hombres místicos y mansos, que es el más terrible, y que entraba ejecutando sin piedad los prisioneros que tomaba, los soldados que desertaban y hasta los merodeadores que por hambre robaban un pedazo de pan,[116] habían inutilizado al enemigo.

Velazco y sus tenientes vieron llegar con sorpresa aquel diminuto ejército, que con una pedantesca, pero simpática arrogancia, les intimaba rendición, so pena de ser pasados por las armas, ¡a un ejército que llegó a formar cinco o seis mil hombres en una de las pocas batallas de la campaña!

Pero así y todo, Belgrano siguió internándose, con más inconsciente intrepidez que estrategia, a favor de la tímida resistencia que oponían los realistas. La sorpresa, la cruel incertidumbre, el pánico que lo paraliza todo, ocasionaban en Velazco sus fatales retardos. Estado de ánimo en que, como en la ausencia del mal comicial, todas las operaciones del espíritu se suspenden en una inesperada ruptura de la continuidad fisiológica. Así se explica que en presencia de 50 milicianos, en el paso de Tebicuary, 400 realistas, soldados hechos y derechos, huyeran despavoridos,[117] y que en muchos

---

115 Mitre, *Historia de Belgrano*, tomo 1.º, pág. 365.
116 Mitre, *Loc. Cit.*, tomo 1.º, pág. 369; Oficio de Belgrano, Archivo general.
117 Mitre, *Historia de Belgrano*, tomo 1.º, pág. 369.

encuentros posteriores, el ejército de Velazco se mantuviera en una discreta y prudente defensa.

En la noche del 15 de enero, víspera de la batalla de Paraguay, retiróse Belgrano a su tienda, y estando a solas con su secretario don José Mila de la Roca: «es menester convenir, —le dijo— son como moscas, pero en la posición en que nos encontramos hallo que sería cometer un grave error emprender una marcha retrógrada». El estado de ánimo de aquel arrogante puñado de hombres establecía una superioridad evidente sobre el enemigo. Y esa particular situación de espíritu ¿no era algo más que la media arroba con relación al estado de alarmada expectativa del enemigo? En el combate de Neubourg en que murió La Tour d'Auvergne, Josselin, desprendido con solo veinte cazadores, carga a dos batallones austriacos y los rinde; cuentan graves historiadores que en la persecución que siguió a la batalla de Austerlitz, el coronel Franceschi, del 8.º de húsares, tomó 2.500 rusos con 120 de sus soldados. Todos esos hechos inexplicables de la campaña del general Belgrano, se repiten al infinito en la historia de las guerras modernas, y para no abundar en fatigosas citas, recordaré a Custozza, en cual batalla una carga de dos brigadas de caballería austriaca, 2.400 hombres cuando más, detienen dos divisiones, es decir, 25.000 hombres, todavía intactos, del ejército italiano. El terror, la incertidumbre, ese relajamiento comunicativo del presentimiento de una irrevocable derrota, los mantiene en la dolorosa petrificación de la parálisis. No se atreven a avanzar para llevar su contingente al resto del ejército; una segunda carga hacia las dos de la tarde, les hace más de mil prisioneros y en el mismo día tres pelotones de fulanos austriacos les dispersan cuatro batallones.[118]

La situación de Belgrano en los preliminares de la batalla del Paraguay, es idéntica al de las fuerzas austriacas. Desde lo alto del famoso cerrito de los Porteños, escribía a la Junta: «He llegado a este punto con poco menos de quinientos hombres y me encuentro frente al enemigo que se halla situado en la banda norte del Yuquery, según con unos cinco mil hombres y según otros con nueve mil»... Así permaneció tres o cuatro días sin que aquel ejército numeroso, bien armado y mandado por jefes valientes y experimentados, se atreviera a dar un paso: una compañía de línea hubiera bastado

---

118 Véase: *Revue Scientifique*, 1897, n.º 25, pág. 781.

para reducir la pequeña multitud, mal armada, pero admirablemente dotada de esa incontrastable fuerza moral que da a menudo tan enorme superioridad sobre los mismos ejércitos bien organizados. Era un caso elocuente de hipnotización colectiva, en que un puñado de audaces, recordaba la mágica e imperativa actitud del magnetizador indígena, que detiene petrificada la enorme serpiente que se desliza famélica sobre el suelo.

Más adelante, Belgrano reproduce hechos análogos. Tacuary es el digno pendant de aquél. Con cuatrocientos hombres, no digo soldados, porque apenas lo eran en el traje, detiene a un ejército de cerca de tres mil quinientas plazas, con artillería, infantería y numerosa caballería, más las tripulaciones de los buques,[119] que concurren a ayudarle como si se tratara de los Hunos, con Atila a la cabeza.

Naturalmente que esa curiosa sugestión no se hace como en las prácticas individuales de la clínica privada. Opera por un procedimiento más expeditivo; es menester que la sorpresa y la impresión sensacional sea rápida, y esté revestida de una audacia brusca y estupefactiva, diremos así, recordando que en nuestra juerga peculiar, designamos de esa manera pintoresca a los medicamentos que producen el estupor. Cuatrocientos hombres poco armados, que con su jefe a la cabeza se le suben a las barbas a un ejército de cuatro mil hombres como en el memorable combate de Tacuary, verifican una verdadera captación. No procedía de otra manera el sagacísimo Puysegur, cuando por medio de una violenta e inesperada maniobra, determinaba en los neófitos rebeldes aquel brusco estado cataleptiforme que le permitía poseerlos. Pero también es necesario no dejarlos volver en sí, mantener la narcosis con el procedimiento copioso del más implacable brouseísmo: coup sur coup, para que el éxito del primer espanto vaya encadenándose con el segundo y éste con el tercero hasta que toda esperanza de reacción desaparezca o el propósito estratégico se haya obtenido.

En las campañas subsiguientes, la multitud argentina actúa por el mismo o análogos procedimientos. Siempre es multitud, hasta su remota transformación en ejército. Durante la constitución primera, vence su ímpetu, su inconsciencia y peculiar estrategia, la vida, la desbordante vida que palpita

---

119 Mitre, *Historia de Belgrano*, tomo 1.º, pág. 387.

en sus filas, desenvolviéndose frente a las masas enemigas como los brazos de un gigante.

¿Por qué vence esta multitud con tanta frecuencia? Dos ejércitos regulares en el momento de la acción, usarán verosímilmente la misma táctica, las mismas reglas presidirán en los dos a sus maniobras, dando funciones análogas resultados iguales necesariamente. Por el contrario, en la multitud, aparte de sus especiales condiciones psicológicas tan distintas de las de un ejército, todo es inesperado para el veterano que se ajusta estrictamente a un patrón establecido; todo es en ella bizarro, violento, incalculado. Lo que se le ocurre a la multitud en ese momento de suprema crisis, está fuera de sus cálculos de probabilidades o de los cánones militares. Cuenta con lo imprevisto para sus triunfos; tal vez tiene ese instinto de las consecuencias desconocidas, la estrategia inconsciente y casual que según los críticos militares dan a la retirada del ejército prusiano en la víspera de Waterloo la importancia enorme que no había calculado el viejo Guessenau al impartir la famosa orden: en retraite sur Tilly et Warre. Napoleón adivina los propósitos de lord Wellington la mañana de la batalla, porque en presencia de los sucesos desarrollados después de la victoria de Ligny, tenían que ser ajustados a la táctica y estrategia que ambos habían aprendido en las mismas fuentes. Por su parte, Wellington sabe que el vencedor de Austerlitz empleará su táctica acostumbrada: el orden paralelo, el ataque directo, el asalto por grandes masas sobre el punto más fuerte del ejército inglés sin otra preparación que una tromba formidable de balas de cañón (Houssaye, 325). Los que combaten con él ya le conocen su hermenéutica: el ejército en dos grandes masas, etc., como maniobra en las batallas de Friedland, de Marengo, de Iena, con justa razón tan ponderadas.

¿Pero con el ejército multitud...? Es tan imprevisto su ataque, tan audaz su táctica, si táctica tuviere, tan exóticas sus maniobras, que burla todas las previsiones de los estratégicos. En un ejército regular, la suerte estará librada en las manos de un solo hombre, que por regla general la lleva consigo si desaparece; en aquél la dirección y la suerte están como la vida en los organismos inferiores, en toda la masa; tiene las calidades de supervivencia que ellos poseen. La campaña de 1815, emprendida bajo un plan que fue la más bella concepción estratégica de Bonaparte fracasó más que por la falta de sus generales, porque Napoleón había perdido la fe en su estrella: le moral ne soutenait plus le génie, como ha dicho Houssaye,[120] es decir, faltó la cabeza, y ejército acéfalo es ejército perdido. En el primero falta siempre el cerebro, pero para la defensa posee, en determinadas circunstancias, los secretos recursos de la más baja animalidad contra la que es impotente el hombre, que ocupa sin embargo la más jerarquía zoológica. Como que ignora los principios más elementales de la estrategia, no conoce dónde están ni de dónde pueden surgir los peligros que perturban el ánimo, que hacen cauteloso y a las veces tímido al militar, a menudo inseguro y lento. Y su espíritu, libre de reatos, maniobra fácilmente, exaltado por el calor de la pasión que le da inspiraciones inesperadas y le sugiere recursos que están fuera de todo lo conocido.

¿Puede, acaso, la táctica naval prever o establecer reglas contra los ataques de la caballería? Seguramente que no. Y, sin embargo, no habréis olvidado que alguna vez, a favor de un mar helado pudo ésta apoderarse impunemente de una escuadra. Un buque está provisto para defenderse por los flancos y las puntas, pero indefenso por la quilla, porque la arquitectura naval y la ciencia de la guerra no prevén que por allí pueda ser atacado. Sin embargo, las multitudes paraguayas en la guerra de 1865, van nadando casi bajo el agua y en número considerable trepan como monos, surgen como pescados fantásticos por debajo de la quilla y atacan un buque brasileño.

Como ella se mueve y maniobra con igual suma de fuerza moral en cada uno de sus componentes, el empuje que resulta de la masa tiene que ser enorme. Puesto que existe una fuerza que, según parece, procede del sistema nervioso y que es capaz, en la esfera de su influencia, de dar a los cuerpos sólidos movimiento y peso, no es extraño que puesto ese sistema nervioso en condiciones especiales de excitación, esa fuerza se centuplique por raras circunstancias y establezca entre los hombres vínculos que determinen la cohesión y el colosal poder de la multitud en las mencionadas circunstancias. De allí debe proceder la llamada alma de la multitud. La tal fuerza psíquica, que uno se va ya acostumbrando a oír nombrar sin repugnancia ¿no será verosímilmente el agente principal de los prodigios que suele verificar la multitud? El automatismo que da la apariencia de un gran vigor

---

120 Houssaye, *Op. Cit.*, pág. 484.

y que reúne en un ejército el esfuerzo físico de cada uno, no resulta, como en la muchedumbre, del individual acaloramiento de la pasión (que en este último caso [ejército] no es consultada, porque el soldado acaba, al fin, por pelear más por convicción que por entusiasmo, por el oficio, más que por la gloria), sino de la repetición de un mismo grupo de actos. Por consiguiente, el resultado del choque será, en ciertos casos, infinitamente mayor en el primero que en el segundo.

Por otra parte, la multitud no tiene sobre sí, como agente perturbador, el terror de las responsabilidades, que introduce en el espíritu de los militares elementos tan grandes de trastorno mental. Para ella, en la derrota termina todo, porque allí se disuelve, y de sus fragmentos nacen otras por una especie de peculiar partenogénesis: procesos, vejámenes personales, deshonras y responsabilidades quedan sepultados en el campo de batalla. Para el militar, la vía crucis solo comienza al día siguiente. Aquella no va nunca fatigada a la pelea, porque una vez que se cansa, se disuelve; el secreto de su cohesión, está en el calor de su entusiasmo que es incompatible con la obligación y la fatiga que postra el ánimo y mata el sentimiento, alma de la multitud. El soldado pelea siempre; está obligado a hacerlo, fatigado o no, entusiasmado o frío, con pasión o sin ella; lo que a veces hace de él un cuerpo sin alma, un autómata vigorizado por la disciplina y la fuerza de la costumbre, que sin duda es una gran fuerza, pero que así y todo no alcanza, en ciertas ocasiones, la superioridad del sentimiento cuando éste es espontáneo y sublimado. En el primer caso, es un milagro del arte; en el segundo, es un genuino producto de la naturaleza, en cuyo seno se ha tomado los fluidos jugosos que desbordan de su alma heroica. Ahora, cuando en el hombre se obtienen ambas cosas y el arte puede asociarse a la naturaleza, el soldado es invencible o poco menos.

Apliquemos esa teoría a los inexplicables triunfos de la multitud argentina en su bregar glorioso contra los ejércitos veteranos de España, y nos daremos fácilmente cuenta del misterio, descartando, es superfluo decirlo, lo del genio militar y de las hábiles maniobras que, como veremos después, no hubo en ninguno de los combates en que peleó la multitud durante los primeros años de la emancipación.

Comparad la estructura del ejército que al mando de Tristán baja del Alto Perú por la silenciosa quebrada de Humahuaca, y la del que le arrebata la victoria en los inolvidables campos de Salta y Tucumán al mando de su nobilísimo *meneur*, sin asomo de pericia militar, según su propio biógrafo,[121] aunque hubiera estudiado, una vez en el oficio, a los maestros de la guerra; y veréis, cómo resalta la condición de multitud armada en el segundo, frente al disciplinado ejército del primero.

El estado del titulado ejército patriota no era superior al que recibió Belgrano en Yatasto. Los cuerpos desorganizados, inermes, desnudos y en esqueleto, no alcanzaban a formar entre todos un total de 1.500 hombres.[122] Mucho hay que hacer, decía el mismo Belgrano, y mucho que trabajar para poder dar forma a esto que se llama ejército y que reunido tal vez no formaría un regimiento. Quería abrir la campaña y faltábanle hombres, armas y municiones, y escaseaban elementos de movilidad, porque la precipitada retirada de Pueyrredón había inutilizado los bueyes, recuas de mulas y caballadas.[123] Cuando supo que las pocas y desvencijadas armas que debían enviarle, las habían destinado a la banda oriental, hubo de apoderarse de él el más grande desencanto: «A V. E., decía al gobierno en un documento que transcribe el general Mitre, a V. E. la gloria de llevar adelante su idea de arrojar a los enemigos de la banda septentrional con preferencia a todo y a mí el hacer algo que pueda contener a los enemigos». Y cuando, después de calcular sus fuerzas y de ver que no tenía ni mil doscientos hombres sobre las armas, después de contar sus cartuchos y cerciorarse de que solo tenía cincuenta mil tiros, después de pasar revista a sus armas y de notar que la mayor parte era de poca utilidad y que los dos tercios de los fusiles no tenían bayoneta,[124] tomó la pluma y, en medio de la más completa desesperación, escribió al gobierno: «No hallo otro arbitrio que adoptar la defensiva y estar a las miras de las circunstancias, por si puede convertirse en ofensiva, mientras V. E. toma las medidas que crea conducentes para reforzarme bajo todo

---

121 Mitre, *Historia de Belgrano*, tomo 2.º, pág. 59.
122 Mitre, *Historia de Belgrano*, tomo 2.º, pág. 55.
123 Mitre, *Historia de Belgrano*, tomo 2.º, pág. 67.
124 Mitre, *Loc. Cit.*, tomo 2.º, pág. 70.

aspecto, empezando por los hombres y concluyendo hasta con la pólvora para las salvas de la victoria».[125]

No era mejor la disciplina que el estado del armamento. En esos ejércitos, y en todos los de la patria, era más o menos la misma hasta la llegada de San Martín. Los soldados tenían opiniones, hablaban y resolvían amigablemente como en plena democracia turbulenta: discutían y criticaban al general y pronto se cansaron de él y de sus segundos. Así sacrificaron al coronel Moldes y al barón de Holmberg por medio de peticiones y solicitudes verbales o escritas.[126] ¡En plena multitud! «Los extraviados jefes y oficiales pretendían no dejarse dominar por ningún tirano»; «¡las ideas de libertad habían cundido en los ejércitos y se aplicaban al régimen militar!».[127] A los jefes y generales no los removía el gobierno; los expulsaban los soldados que, como multitud que eran, hoy deliraban por Saavedra y por Belgrano, para arrojarlos mañana al destierro y a la miseria, lo propio que siguió haciendo hasta que tuvo por fin el verdadero ejército...

Y si no era la disciplina militar la que los unía y la que les daba la cohesión indispensable ¿qué era? Era eso que llamábamos al principio, recordando la clasificación establecida, el alma de la multitud, la estructura peculiarísima de esa accidental agrupación pletogenética, puesto que, como queda demostrado, no podía ser otra cosa el conjunto de hombres, que bajo una copiosísima lluvia, marchaba sobre la deliciosa planicie de Castañares, cubierta de flores y de verdura buscando al brioso ejército de Tristán, oculto tras de las arboledas que circundan la tranquila y apacible ciudad de Salta. Es esa alma, aquella fuerza psíquica que mencionara ya, lo que le da tan curiosa homogeneidad, «desde el momento que una chispa de pasión brota entre ellos, electrizando esa mezcolanza y produciendo súbita y coherente organización». Como dice Tarde, es entonces cuando el aparente desorden se hace cohesión, que el ruido se convierte en voz, y que esos cientos de hombres, al parecer indefensos e inocuos, no forman, en el supremo momento, sino una sola y única persona, una fiera innominada y misteriosa que

---

125 Mitre, 7.º, Carta del general Belgrano, de 24 de mayo de 1812.
126 Mitre, *Loc. Cit.*, tomo 2.º, pág. 144.
127 Mitre, *Loc. Cit.*, tomo 2.º, pág. 84.

marcha a su propósito con una finalidad irresistible.[128] Singular organización: en la variedad infinita de sus movimientos veis una unidad que podría llamarse precisión, y en algunos casos, a pesar de la disonancia de sus miles de voces, os parece oír una sola nota, tal es la unidad de acción que afecta en ciertos momentos. El nombre colectivo de muchedumbre, indica que las personalidades particulares de los individuos que forman parte de ella, se encuentran y se identifican en una sola, por lo que forzosamente hay que reconocer que existe algo que se nos escapa y que sirve provisionalmente de pensamiento común; y ese algo que no es solo el aparatoso despliegue de las más bajas fuerzas mentales, no es otra cosa que esa alma que explica de cómo un signo, una voz, un grito lanzado por un individuo en determinadas circunstancias, arrastran inconscientemente a una ciudad o a todo un pueblo así a los más horribles excesos, como a las más grandes heroicidades.[129]

Me explico así que un pueblo como Cochabamba, manso y tolerante, apacible como el tranquilo panorama que lo rodea, pueda un día levantarse airado y soberbio para desafiar, con solo garrotes, las bayonetas de Goyeneche, el más feroz de los realistas. Como la difusión en un medio gaseoso tiende a equilibrar la tensión de los gases, la imitación tiende a equilibrar el medio social en todas sus partes, a destruir la originalidad, a uniformar los caracteres de una época, de un país, de una ciudad, de un pequeño círculo de amigos. Cada hombre está individualmente dispuesto a la imitación, pero esta facultad llega a su máximum en ciertas épocas y en los hombres reunidos en asambleas; las salas de espectáculo y las reuniones públicas, en que el menor palmoteo, el más imperceptible silbido, basta para sublevar la sala en un sentido o en otro, son un ejemplo elocuente.

Imitación u otra cosa que no atinamos a calificar, lo cierto es, que el misterioso agente realiza el prodigio de dar a la multitud de Cochabamba corazón de leones y de cíclopes: maravilloso avatar del alma de una fiera conmoviendo y transformando las fuerzas en el cuerpo de un apacible cordero. Lo que hizo Cochabamba solo lo han realizado en la historia otras multitudes, raras veces los ejércitos. Luego, debe haber algo que pertenezca exclusivamente

---

128 Tarde, La philosophie penale, 1890; Sighele, pág. 31.
129 Scipio Sighele, *La foule criminelle*, 1892, pág. 32.

a ellas y que no se encuentra, o se encuentra pocas veces, en éstos, con todos los maravillosos secretos que tiene su arte secular.

Solicitados por el contagio de Buenos Aires, la tranquila provincia que con Chuquisaca guardaba virtualmente el sentimiento patriótico de la independencia[130] se sintió conmovida y se sublevó en masa a espaldas del ejército realista. Era por cierto digna de admiración aquella masa abigarrada coronando los desfiladeros por donde debían pasar los enemigos; inerme, desorganizada como elemento militar, hasta inocente, en sus pueriles sueños de victoria, iba armada tan solo de cañones y arcabuces de estaño, hondas y macanas para atajar el paso al feroz vencedor de Huaqui.[131] Con esas armas, y con la sola superioridad de su número y de su estructura, venció en Ayohuma: cuatrocientos cincuenta fusileros y ciento cincuenta dragones de línea, al mando del coronel Piérola, fueron completamente derrotados el 15 de noviembre de 1816.[132] Parecía más bien cosa de niños, cuya temeraria imprudencia los llevara a molestar a la fiera dormida en su guarida, arrojándole las piedras del camino. Los soldados bravos y disciplinados hacían un fuego mortífero, y sin embargo, la multitud avanzaba, revoloteando sus hondas y sus garrotes hasta tocar las bayonetas; las primeras filas suyas caían en medio del alarido feroz de las que venían detrás, pero las segundas se entreveraban con los veteranos aterrorizados y les abrían el cráneo a garrotazos, les perforaban el cuerpo a puñaladas, les mutilaban el rostro y los privaban del sentido a pedradas, o por medio de la honda certera, manejada diestramente por manos habilísimas. Caían cincuenta, pero eran reemplazados por quinientos.

Disueltas las formaciones disciplinadas de los veteranos y rotas las irreprochables filas, por la avalancha de tan extraños enemigos, cada uno comenzaba a defenderse como podía, y rodeados por todos lados del constante esfuerzo, asediados por la aguda y reluciente punta del cuchillo, o por la violenta contusión de la macana memorable, los bravos realistas comenzaban a perder terreno, para dispersarse luego acabando por huir el que no caía muerto o prisionero.

---

130 V. F. López, *Historia de la revolución argentina*, tomo 4.º, pág. 71.
131 Mitre, *Historia de Belgrano*, tomo 2.º, pág. 49.
132 Mitre, *Historia de Belgrano*, tomo 2.º, pág. 73.

Era imposible la lucha en el terreno de esa táctica infernal de las multitudes americanas. Había que adoptar la artillería, que permitía matarlas a metralla y a largas distancias u otros procedimientos que contrarrestaran la influencia pavorosa de tan bizarra manera de venirse a las manos. Primero eso, y luego el número de hombres que no acababa de desfilar. El infante cansaba su brazo, inutilizaba el arma con el fogueo incesante, agotaba sus municiones y sus fuerzas, y aquella multitud no cesaba de reproducirse, como si brotara de la tierra fecunda, como si cada hombre resultara de la transformación mágica de cada mata de pasto; como si un chorro enorme de vida, surgiendo de la entraña de la peña inerte, se fuera organizando al contacto de aquellos aires y de aquellas lumbres, que, al caer la tarde, dibujaban en el turbio horizonte de la montaña, la vaga silueta de la muchedumbre bajando resignada al sacrificio.

El grueso del ejército de Goyeneche marchó entonces sobre la heroica provincia por los valles de Mizque y Clisa, mientras otras columnas concurrían al ataque por otros puntos. Los españoles, irritados con la derrota, iban feroces y precipitaban sus pasos: el coronel Lombera, con su columna fuerte de más de 1.200 hombres, que saliendo de Oruro, debía entrar por la cuarta del Tapacari, descendía rápidamente por ella al valle que era el centro de la insurrección.[133] Y el valle Grande y de Santa Cruz de la Sierra, antes tranquilo y apacible, o solo conmovido por la algazara infantil de la multitud, se estremecía bajo la planta de las columnas imponentes que los realistas enviaban a sofocar la insurrección.

El 24 de mayo fue derrotada en los altos de Pocona, dejando en el campo dieciocho de los famosos cañones de estaño. Un momento parece vacilar la fiera, bajo la presión de la muerte distribuida de una manera ferozmente eficaz por la artillería de Goyeneche, pero solo un momento, a pesar de que Lombera se acerca a la ciudad por los altos de Arquen; la reacción nuevamente se opera. El cañoneo retumba en la concavidad de los montes, como si un número considerable de piezas de grueso calibre, y no ocho que eran las del ejército realista, hicieran incesante fuego sobre la pobre aldea conmovida; las llamas del incendio iluminan de repente el horizonte, produciendo en todos el pavor y la rabia; el enardecimiento ha llegado a su colmo,

133 Véase: Mitre, *Historia de Belgrano*, tomo 2.º, pág. 73.

y las mujeres arremangadas unas con las polleras por encima de las rodillas, destrozadas las ropas otras, como si un arranque de maníaco entusiasmo las poseyera, parecían brujas entregadas a sus prácticas diabólicas, o sombras vengadoras que volvieran de la otra vida, llamadas por el lamento del hogar robado y del hijo muerto entre las llamas. La mujer de la plebe, asociada a la turba, le imprime un aspecto terrible, porque en tales circunstancias, pierde más pronto que el hombre todos los instintos dulces y amables, que son la tónica de su alma. Ellas arengan a la gente, la inflaman con sus impreca- ciones inesperadas, en la plaza, en la calle, hasta en el púlpito de la iglesia, donde se han refugiado los que se han rendido al cansancio y al pavor.[134]

Goyeneche estrecha el cerco de la ciudad y sigue matando con su saña habitual; los soldados españoles no toman prisioneros, hieren ciegos de ra- bia, a toda forma humana que se les presenta delante, y, al mismo tiempo que matan, van sembrando el incendio por toda la ciudad, que ya arde por los cuatro costados. La multitud avanza, sin embargo, mezclando sus alari- dos al chasquido del fuego que se eleva entre la humareda sofocante que produce la paja y la abundante madera del caserío devorado... Un esfuerzo más y se apoderan del cerro de San Sebastián, en donde esperan batirse hasta el último trance...[135] Allí están por fin... Pero Goyeneche los circunda con su cintura de fuego; su artillería opera prodigios de rapidez y los hace pedazos, reduciendo a un montón de cadáveres lo que antes era vida rebo- sante y generosa.

Así sucumbió Cochabamba, luego le siguió Chayanta y las indiadas de La Paz, para, por fin, con Potosí, llorar bañados en sangre su suerte amarga, según lo cantó después con voz vibrante y acento inspirado el himno de la patria.[136]

El año 1816 fue el año terrible de la emancipación americana.

Los ejércitos inertes y destrozados, el gobierno sin autoridad, pobre y desarmado en el rincón más olvidado del territorio. Los hombres dirigen- tes muertos o desterrados, o cuando menos paralizados por el tremendo

---

134 Véase: Mitre, *Historia de Belgrano*, tomo 2.º, pág. 73.

135 V. F. López, *Historia de la revolución argentina*, tomo 4.º, pág. 230.

136 Véase: V. F. López, *Historia de la República Argentina*, pág. 230, tomo 4.º; García Gamba, 173, tomo 1.º, págs. 7578; Mitre, *Historia de Belgrano*, tomo 2.º, pág. 274.

desastre; y los ejércitos españoles dueños y señores de todo el suelo. Las Provincias Unidas, vencidas en Sipe-Sipe, amenazadas de una invasión por el Alto Perú y de otra por Chile, a la que se agregaba una expedición de la Península al mando del conde de Bisbal, en jaque por un ejército portugués que ocupaba parte de su territorio, y devoradas por la anarquía, divididas por ideas fundamentales que afectaban la forma de gobierno, habían quedado solas en la palestra del continente americano.

Es más todavía; desde México hasta el Cabo de Hornos imperaban las armas enemigas. Morillo, había dominado el virreinato de Santa Fe y la capitanía general de Venezuela, desde el Atlántico al Pacífico, y Bolívar se hallaba emigrado en Jamaica. El virrey Apodaca dominaba a México, recibiendo de manos de su antecesor Callejas la revolución casi del todo sofocada. Un ejército español más fuerte que el de los Andes, ocupaba a Chile. El Alto Perú, sojuzgado por los vencedores de Sipe-Sipe, y con sus fuerzas agotadas, y abandonado por sus aliados impotentes, era la base de operaciones de sus enemigos por el norte. La corte de Portugal, establecida en el Brasil, ocupaba la banda oriental y se posesionaba de Montevideo, atraída por la anarquía y obedeciendo a las miras de su política ambiciosa. Para que nada faltara en el sombrío período, el viejo virrey Abascal, que había iniciado la reacción realista en 1810, triunfaba de un extremo a otro del continente sudamericano en 1816, faltándole solo para completar su obra, clavar sus banderas victoriosas en las torres de Buenos Aires, o por lo menos en las hasta entonces inexpugnables fronteras de la revolución argentina. El cuadro se completaba con la figura de Pezuela, vencedor de Vilcapugio, Ayohuma y Sipe-Sipe, preparado a dar el golpe final...[137]

Tal es la pintura pavorosa con que el ilustre autor de la *Historia de Belgrano* nos presenta la situación de la América en el año terrible.

¿Qué quedaba pues? Quedaban tan solo las multitudes del norte de la República, la nobilísima Salta con la suya, Jujuy y Tucumán, y las briosas y anónimas del Alto y Bajo Perú, consumiéndose en su sacrificio fecundo. Con el mismo ardor y entusiasmo del primer día, sin hambre y sin fatigas, sin la serena y perturbadora tristeza de los próceres proscriptos, medio inconsciente, pero sana e impulsiva como el niño que ignora el peligro y que va a

---

137 Mitre, *Historia de Belgrano*, tomo 2.º, pág. 483.

donde lo lleva el instinto, alegre y hasta petulante, cumplía su destino político. Los ejércitos de línea «se habían mostrado impotentes para extender la revolución más allá de las fronteras argentinas», dice un historiador de la revolución, pero las multitudes la extendieron con su acostumbrado vigor, y, sobre todo, la sostuvieron con su sangre.

Abandonada entre los valles de la cordillera y de las sierras imponentes que le sirven de contrafuerte, vivió durante mucho tiempo haciendo prodigios y milagros. Hasta «en los caminos públicos se mantenía en insurrección, y por más ensoberbecidos que estuvieran con sus triunfos los realistas, comprendió Pezuela que no era fácil invadir un país que en peores condiciones había dado cuenta de sus ejércitos en Tucumán y Salta». Podía decirse que no existía un solo pedazo de tierra que no estuviera defendido por ella; en San Lucas, en Potosí, en Cinti, Charcas, Cochabamba y Larecaja, la insurrección estaba viva y amenazaba los flancos y la retaguardia de los ejércitos españoles.[138] Ellos la despreciaban, y La Serna, con una petulancia temeraria, pensaba si «por ventura un puñado de hombres desnaturalizados y mantenidos con el robo, sin más orden, ni disciplina, ni instrucción que las del bandolero, podía oponerse a unas tropas aguerridas y acostumbradas a vencer a las primeras de Europa».[139] ¿No era acaso un agravio, según él mismo escribía, «compararlas a esos que se llaman gauchos, incapaces de batirse con triplicadas fuerzas»?...[140]

Por el camino central de la Quebrada de Humahuaca, que desde la región montañosa conduce directamente a los valles de Jujuy y Salta, único derrotero militar para un ejército invasor del territorio argentino, bajaba tranquilamente el gran ejército que al mando del bravo soldado de las campañas del Rosellón debía ahogar nuestra tenaz resistencia al ya triunfante dominio de los reyes. Bello ejército, sin duda, que pisaba el territorio argentino confiado en tantas glorias hollar vencedor.

Cuatro mil quinientos hombres de las mejores tropas del mundo, incluso los aguerridos soldados de Olañeta, ¿qué? ¿No vencerían al primer ataque a

---

138 Mitre, *Historia de Belgrano*, tomo 2.º, pág. 491.
139 Oficio de *La Serna a Uriondo*, fechado en Tarija el 14 de diciembre de 1816.
140 Oficio de *La Serna a Uriondo*, fechado en Tarija el 14 de diciembre de 1816; Mitre, *Historia de Belgrano*, tomo 2.º, pág. 495.

las multitudes que agazapadas detrás de las arboledas los esperaban llenos de pánico? Desde los valles del noroeste de Salta, en Chicoana, hasta Nueva Orán, sobre el Bermejo, se extendía la línea diagonalmente cubierta por el río Grande de Jujuy.[141] A su izquierda estaban los depósitos de ganados y caballadas ocultos en lugares escabrosos; en el centro, y a retaguardia, el cuartel general de Güemes, con las milicias circunvecinas; y detrás de su derecha, el desierto del Chaco,[142] «inconmensurable, abierto» e inaccesible a los invasores. Todas las partidas que componían antes la vanguardia del despoblado y de la Quebrada, se hallaban al frente de la línea; al oriente de la sierra de Zenta y a vanguardia de la misma línea, destacadas las fuerzas volantes del coronel don Manuel Eduardo Arias en su cuartel general en el valle de San Andrés, amagando el flanco de Humahuaca por el abra de Zenta, lo que permitía darse la mano con Uriondo, situado sobre la frontera de Tarija.[143]

Cuando los españoles pisaron el territorio, comenzaron a surgir como en un cuento de magia los hombres a pie y a caballo, esto es, matizados grupos en que los niños y las mujeres tenían un papel importante. Parecían bandadas de insectos escapados de una covacha, moviéndose nerviosamente al rumor de su propio canto. Extrañamente armados y pintorescamente vestidos, recorrían ágiles los más altos caminos, como si participaran de la naturaleza peculiar del ave, que por una secreta aptitud de equilibrio, recorre serena lo mismo el profundo valle, que la más alta cumbre. Bien montados y mejor aperados, a su modo, solo llevaban una mala carabina, el bien afilado sable, viejo, deshecho de los campamentos regulares, y sobre todo el garrote, el lazo que silbaba y se enroscaba en el cuerpo del soldado español, como una serpiente azuzada por el espíritu de la comarca,[144] y las boleadoras, segura e inmovilizadora parálisis que cuando no detenía instantáneamente al jinete o al infante, lo postraba por la certera conmoción que sobre el cráneo produce la piedra. Fuera de ese vetustísimo arsenal, el armamento era libre, así es que frecuentemente el ingenio fosforescente de la multitud inventaba armas

---

141 Mitre, *Loc. Cit.*, tomo 2.º, pág. 511.
142 Mitre, *Loc. Cit.*, tomo 2.º, pág. 511.
143 Mitre, *Loc. Cit.*, tomo 2.º, pág. 511.
144 Gamba, *Memoria para la historia de las armas españolas*, tomo 1.º, pág. 253; Mitre, *Op. Cit.*, tomo 2.º, pág. 548; Torrente describe también el procedimiento.

o medios de defensa en los que solían encontrarse reminiscencias atávicas, resurrecciones extravagantes que tanto han concurrido a dar extraño sabor a las crónicas de aquellas homerias semisalvajes.

Acercábanse con tan sorprendente habilidad, «con tal confianza y sangre fría, que admiraban a los militares europeos que por primera vez veían aquellos hombres a caballo».[145] Dispersábanse cuando el ataque era irresistible y volvían luego a reunirse, ya a pie ya a caballo, haciendo un fuego certero y mortífero, semejante al de una buena infantería, dice Gamba en sus Memorias militares. La multitud argentina tenía la rabia de la emancipación, que es incurable; nada extraño era, pues, que al pisar el territorio de la provincia de Salta, exclamara el general Valdez con noble y espontáneo entusiasmo: a ese pueblo no lo conquistaremos jamás, al ver a un niño de cuatro años, que montaba a caballo, a la voz de la madre, y partía a todo escape para llevar a sus hermanos la voz de alarma contra el invasor. En Humahuaca y San Pedrito, bajo el fuego de las trincheras de Jujuy, lo propio que en el valle y en el desfiladero, tenían el mismo nervio y peleaban con igual éxito. Érales igual manosear al afamado regimiento de Picoaga, al que arrebataran la bandera, como a los invencibles granaderos de Gerona, al Real Alejandro, o a los del brioso regimiento de los Húsares de Fernando VII, cuyos hombres secuestraban a lazo.

Como perdida la vaga silueta entre las brumas, se veía al principio a uno o dos paisanos que parecían espiar, aguaitando al enemigo; luego, a poca distancia cuatro, seis más allá, que hacían los primeros tiros, más lejos diez o doce, que continuaban la operación agregando la pedrada certera cuando el adversario se ponía a tiro de honda, después veinte o treinta pequeños grupos, más adelante partidas más grandes que se iban agregando a varias otras que acudían de todos lados a entorpecer al ejército invasor por los flancos, por la retaguardia y por el frente, disputando el terreno con tales bríos y con éxito que mortificaba hondamente el orgullo proverbial de los españoles. El procedimiento me sugiere el paulatino tejido sobre un leitmotiv épico, en que un simple tema se va desarrollando en un complicado y admirable crescendo, hasta el momento en que toma la soberbia amplitud

---

145 Gamba, *Memoria para la historia de las armas españolas*, etc.; Mitre, *Historia de Belgrano*, tomo 2.º, pág. 516.

de su magnífico final. Era, en efecto, una sinfonía heroica en la que la naturaleza misma concurría al completo éxito de la escena; un verdadero drama wagneriano por el exótico sabor de los caracteres, por lo novedoso de las escenas, y hasta por la heterogénea y complicada textura del drama, en el que había hasta el conflicto de personajes épicos, el desarrollo psicológico y sentimental coloreado por la poesía justa y expresiva de las obras del maestro.

El carácter salvaje y romántico del paisaje, daba su tono especial al episodio.

Dice Humboldt, hablando de la Cordillera de los Andes, que el aspecto de los valles conmueve la imaginación del europeo más que ninguna otra escena de las varias y majestuosas que ésta ofrece. Más profundos y estrechos que los Pirineos y los Alpes, los de aquélla se presentan como sitios salvajes, a propósito para causar admiración, y aun espanto. El mismo soldado español de la montaña no sospechaba el espectáculo, y tenía que sentirse deprimido por ese sentimiento de inferioridad y de microscópica pequeñez, de que habla Buckle en su conocido libro, a propósito de la India. A Bonpland, que miraba la naturaleza con ojos de filósofo, le parecía aquello enorme. Al atravesar los Andes, de Pasto a la villa de Ibarra, y bajando de Loja a las orillas del río Amazonas, las famosas quebradas de Chota y Cutaco, tienen respectivamente mil quinientos y mil trescientos metros de profundidad perpendicular. Y puede formarse una idea de la grandeza de estos fenómenos geológicos, observando que el punto más hondo de los valles, solo es inferior en una cuarta parte a la elevación de San Gotardo y del Mont-Cenis sobre el nivel de las aguas del mar.[146]

Cuando el hombre de los llanos ve aquellos precipicios pavorosos y las estrecheses del camino, interrumpidas a menudo por enormes abismos, cuando oye el ruido de inmensos caudales de agua que se precipitan de la altura, como si vinieran perseguidos por algún enemigo fantástico, y ve al presuroso río correr como desaforado por el inmenso cauce, poblando el valle de sus irritadas y continuas murmuraciones, le parece que la angustia de la asfixia se le sube al cuello, y que los horizontes de piedra se le vienen encima para aplastarlo. No por ser precipitada su fuga, deja el río de arras-

---

146 Humboldt, *Sitios de la cordillera*, etc., etc.

trar, con mayor seguridad, los despojos que le brindan los mil accidentes del camino. Con la misma facilidad con que el ojo de agua arrastra el pedazo de corteza del árbol que muda su piel añeja, el torrente lleva inmensas piedras, robustos troncos y humildes guijarros en tropel. Camalotes como fabricados por el mismo río, de hojas y gajos lujuriosos, que apiñados y adheridos transportan sobre sus hombros restos de animales muertos y todo lo que en su camino impetuoso recogen. El tronco voluminoso se detiene en la primera piedra... el torrente se encrespa irritado y levanta la rizada ola que cubre de espuma al reacio prisionero, hasta que lo arranca, y tomándolo de nuevo sobre el lomo movible, lo precipita otra vez en la corriente, por la que aquél se deja al fin arrastrar como resignado y paciente.

Hay que pensar que la mayor parte de esos veteranos de La Serna, no eran de la montaña española y que la naturaleza abrupta e imponente de las provincias del norte, donde la multitud salteña operaba como en su casa, los imponía reduciendo su espontaneidad, por una especie de inhibición de sus facultades motoras. A lo largo de los grandes y casi inaccesibles veredones, se corrían los gauchos, protegidos por fantásticos guardamontes, disputando el terreno a los veteranos; cargaban sobre éstos y los obligaban a formar grupos dobles para sostenerse, aunque tenían reservas que los apoyaban a tiro de fusil.[147] Cuando perseguían, no abandonaban los flancos ni la retaguardia, y con sus tiroteos incesantes, sus pequeñas embestidas, acompañadas de alaridos, golpeándose la boca y el cuero del guardamonte y sin perderlos de vista un momento, no les dejaban abandonar la formación ni extenderse por el campo. Los cercaban, los asediaban incesantemente, sin darles un momento de reposo, sin dejarles comer, ni cerrar sus ojos un instante, sin siquiera permitirles levantar la vista de sus filas caleidoscópicas y fatigantes por el movimiento continuo y la variedad de colores y de formas que tomaban las extravagantes columnas de combatientes.

De pronto oían en la comarca un pavoroso rumor, que repentinamente se acercaba a los oídos, multiplicando por instantes su creciente intensidad como si tropel de titanes, diría el inolvidable Andrade en su desaforada hipérbole, galoparan en briosos caballos de granito. Carreras precipitadas de numerosas caballadas, hacían temblar el suelo, y tiros repetidos y gritería

---

147   Mitre, *Historia de Belgrano*, tomo 2.º, pág. 540.

infernal, entre la que había gritos de alegría y de dolor, que llenaban el aire, difundiendo el pavor y el desorden en las filas españolas. Una masa enorme, negra, y en vertiginosa carrera avanzaba aguijoneada por el furor del movimiento que sugiere un terror desconocido. La columna española, que se veía amenazada por aquel grave peligro, tomaba las armas precipitadamente y esperaba resignada al curioso enemigo. Rompían el fuego, y las masas de caballos agrestes se dispersaban, perdiéndose diseminados entre los accidentes del valle. Ése era uno de los tantos recursos diabólicos, como los clasificaban los realistas, de que echaba mano la inventiva de la multitud.

Otras veces hacían fuego tan continuo como se lo permitían sus armas primitivas, y tras la humareda espesa se lanzaban agazapados, y con rapidez fulgurante echábanse sobre las filas enemigas, cuchillo o garrote en mano, sorprendiéndolos con el inesperado y violento ataque y la forma desconocida de su táctica.[148] Una vez verificado el terrible contacto, les agarraban los fusiles y a puñaladas o garrotazos los dispersaban llenándolos de espanto y dejándolos heridos y maltrechos en el polvo del sangriento teatro.

Recorriendo esta vía crucis desde que pisó territorio argentino, desembocó el ejército realista al campo de Castañares, gran llanura que en suave plano inclinado se extiende hasta la ciudad de Salta, a donde entró por fin, después de haber dejado en el camino la tercera parte de su brillante ejército.

Pero, poco debía durarle la costosa posición. La vida se hizo imposible, y la retirada definitiva, hasta más allá del alcance de las terribles muchedumbres, se impuso como un hecho inminente.

Se puso en marcha La Serna, pero de todas partes brotaban hombres y partidas sueltas y multitudes hostiles que hacían la retirada tan cruel como la entrada. Dentro de la Quebrada de León había gente; en Jujuy, Pachi Gorriti, el terrible lancero los aguardaba emboscado; en el río Blanco, más allá del río Grande, hormigueaba la turba con sus variados trajes y armamentos, mientras que en Tilcara, ocupando el camino desde los Hornillos a Cangrejos, Arias, lleno de entusiasmo y de emoción, esperábalos deseoso de «írsele a los cuadros». Disipadas «todas las esperanzas con que se había abierto la campaña, y sintiendo que la situación empeoraba por momentos, se resig-

---

148 Mitre, *Loc. Cit.*, tomo 2.º, pág. 551.

110

naron a retroceder a los diecinueve días de haber ocupado Salta». El 4 por la noche salió sigilosamente de la ciudad la primera columna conduciendo el convoy de heridos y el parque, luego otra en puntillas de pie, para no despertar el inquieto avispero, y por fin las otras deslizáronse en la sombra de la noche, haciendo en su primer esfuerzo una jornada de nueve leguas.[149] Su estado era el más deplorable, decía Güemes: «están en una impotencia dolorosa para avanzar, de subsistir allí o de retirarse».[150] Un general español agregaba: las cosas han llegado al punto que la pérdida de tiempo podía comprometer la suerte del ejército y consiguientemente la de todo el Perú.[151]

Y tristes y humillados por tan tremendo desenlace, tuvieron que huir, no ya retirarse simplemente, que eso hubiera sido exponer demasiado la suerte de una causa que en su raro empecinamiento creían triunfante todavía.

Pero no fueron ejércitos los que obtuvieron ese resultado trascendente. Las grandes victorias y la mayor influencia política (en el territorio argentino) es la obra exclusiva del elemento popular, en esa forma elemental, sin dirección efectiva sin que la inspiración de caudillo o aprendida estrategia le preste el concurso de su talento o aptitudes para obtener tal fin.

Güemes era más que un ídolo, un símbolo, pero no una dirección. Los titulados caudillos domínanlas, no por el genio, sino porque poseen especiales aptitudes para sintetizarlas; son la expresión unipersonal del conjunto, el exponente de sus pasiones y de sus gustos, las antenas y los ojos por donde ellos tocan y miran y sienten las cosas de la vida, nada más.

Esas peculiaridades de la multitud, sobre cuya aparentemente inexplicable fisiología venimos discurriendo en este libro, no son la obra de la ciega casualidad o producto de accidentes fortuitos, sino el cumplimiento de leyes morales, o si queréis, de leyes biológicas —como se dice ahora— que gobiernan ese mundo y que se cumplen indefectiblemente. En nuestros días se ha exagerado tanto la función de las armas modernas, que se ha llegado a olvidar el papel del factor moral perturbador que en las funciones de la multitud desempeña papel tan importante. Sin embargo, en otras cosas más delicadas y precisas, el uso de los instrumentos de observación astronómi-

149 Mitre, *Historia de Belgrano*, tomo 2.º, pág. 549.
150 Partes de Güemes, de 5 y 9 de mayo, en la Gaceta; Mitre, tomo 2.º, pág. 550.
151 Gamba, *Loc. Cit.*, pág. 255.

ca, por ejemplo, necesariamente mejor adaptados, la ecuación personal es tenida en gran cuenta. No sé si recordáis con este motivo aquella curiosa observación que trae Buccola en su conocido libro al hablar de la duración de los actos psíquicos.[152] Recuerda el profesor de la Universidad de Turín que a fines del siglo XIX Maskelyne y Kinnebrook notaron una diferencia nada leve en el tiempo de percepción del paso de una estrella por delante del hilo del telescopio; semejante variación individual entre el acto de percibir la diferencia y el de marcarla, y al que se dio después el nombre de ecuación personal, fue más tarde comprobado por Bessel, quien estableció que todas esas operaciones, por más precisas que sean, tienen un agente perturbador, que radica en la misma organización psíquica del individuo. Así, sucede que los efectos del arma de precisión en el papel o en el campo tranquilo del ensayo, son como diez y en el momento de la batalla tan solo como seis; los cuatro restantes pertenecen a ese factor moral perturbador que desempeña infaliblemente su papel en todos los asuntos de la guerra: el arma de precisión, el cálculo y el valor personal, solos, no vencen hoy, ni han vencido nunca, sin el concurso de ese estado psíquico que no se encuentra dentro del aparato admirable del fusil de repetición, o en la recámara del cañón de tipo rápido, sino dentro del alma del mismo individuo.

En esta psicología militar, la multitud, con sus misterios de organización, desempeñaba, con respecto a los ejércitos y a la estrategia, el papel de agente perturbador; era para ellos lo que la ecuación personal del astrónomo, que halla profundamente alterada la estricta justicia de sus cálculos por esa pequeña intervención que no había tomado en cuenta.

Hasta que llegó el general San Martín, los ejércitos eran únicamente muchedumbres uniformadas que operaban con el instrumento de la sugestión y de su estrategia perturbadora. Suipacha, Salta, Tucumán, que fue, esta última como ninguna otra, de singular trascendencia política, no fue la obra del talento militar, sino de la imprevista aparición de ese curioso personaje, que peleaba como nadie lo había hecho hasta entonces.

Rondeau, la más indigente inteligencia de nuestra historia militar, derrotado en Sipe-Sipe, entre otras razones por haber desconocido la naturaleza especialísima de su ejército multitud; Belgrano, el ecuestre bachiller, como

---

152 Buccola, *La Legge del tempo nei fenomeni del pensiero*, pág. 27.

le llama Groussac con poco respeto, pero con mucha verdad; el cachafaz de Sarratea, que confundía un cañón con un arado y que verosímilmente no distinguió jamás un sable de un paraguas; Balcarce, Ocampo, Díaz Vélez, Álvarez, La Madrid, apenas si eran, en el arte de la guerra, simples analfabetos frente a los veteranos de Bailén y Zaragoza, a quienes vencieron casi siempre por inaudita ironía de la suerte. A ese respecto, todos ellos, y los demás que figuran vencedores de los mejores ejércitos, son grandes y hasta venerables más que por el pensamiento por la acción y el siempre fecundo sacrificio a que se entregaron con una magnanimidad que asombra. Pero no me digáis que fueron militares porque ganaron batallas. Si se exceptúa San Martín, cuya concepción y ejecución admirables del plan militar de sus grandes campañas, en el que bien se vislumbra un grano de aquella genial potencia con que Federico II y Gustavo Adolfo miraban las cosas de su arte, y algunos otros escasos militares de escuela, todos los demás son inmortales miopes que han puesto la firma usurpadora a la obra trascendental de la multitud. Como ellos iban delante y sabían morir los primeros, los observadores inexpertos han creído que triunfaban en virtud de sus combinaciones estratégicas y no en virtud de las razones que ya dejamos apuntadas.

Las palabras de Montaigne vienen a los puntos de mi pluma al tratar este asunto de los genios militares, porque, en efecto, son apropiadas: «mais de grand homme en général, —decía el autor de los Ensayos— et ayant de belles pièces, ensemble, en un tel degré d'excellense qu'on le doive admirer ou le comparer à ceux que nous pourrons du temps passé, ma fortune ne m'en fait voir nul...».

La revolución argentina, insistiremos en lo que ya dijimos, es la obra más popular de la historia y la menos personal de toda la América Latina.

¿A quién puede señalarse como encarnándola? ¿Cuál es el providencial cuya ausencia o presencia la haya hecho vacilar o adelantar? ¿San Martín? ¿Belgrano? ¿Güemes? Desaparecieron todos ellos y la revolución siguió su curso imperturbable. El factor personal no es aquí, como en el otro extremo de América, un hecho indispensable. Bolívar es allí su genuina encarnación: con él aparece, y con las alternativas de su suerte personal, los eclipses y los brillos de su estrella, que siguen un paralelismo constante, oscila la suerte y la prosperidad de la revolución. Aquí, la multitud, que es función y expresión

113

de las fuerzas y aptitudes colectivas, se organiza con facilidad ante cualquier emergencia; hay, como dije antes, constante inminencia de multitud. Uno lleva la palabra, pero ella tiene la fuerza y el impulso de la vida; el caudillo desaparece y ella subsiste. La mejor prueba de su poder es la tiranía de Rosas, que solo se ve en la historia del Río de la Plata y que es la más vigorosa, y también la más brutal de sus obras.

Si no hubiera habido en la Argentina esa aptitud para formarse multitud que viene revelándose desde tanto tiempo atrás en la historia, San Martín, el de mayor prestigio militar, u otro cualquiera con análogos medios hubieran sido árbitros de sus destinos. Pero la multitud es resistencia y movimiento, como que es asociación de pequeñas fuerzas para constituir una grande y muchas veces colosal; solo contando con ella y procediendo de ella se puede, como Rosas, dominar y tiranizar veinte años a la nación.

El ejército argentino es siempre derrotado durante todo ese período, que llamaremos de transición, porque en efecto lo es, en que deja de ser multitud para convertirse en ejército veterano; período de transición en que ya no es multitud, pero que tampoco es ejército todavía: ni lo uno, ni lo otro. Se ha desprendido de la garra sin haber adquirido aún la mano, que es el signo más visible de superioridad morfológica en la jerarquía animal. Necesario es que aparezca el hombre menos pletogenético, más antitético de la multitud, ese genial soldadote de Don José, que dio a la América el primer ejército, en la científica acepción de la palabra, para que de la multitud, como del óvulo fecundado, salga por mágico contacto, la legión mortal de Maipú y de Chacabuco...

Al atravesar la escarpada quebrada de Uturango, que era el camino para remontar el valle, la multitud de Cinti, que fue una de las heroicas republiquetas del Alto Perú, esperaba al enemigo coronando los desfiladeros. Una vez que llegó, cayó violentamente sobre él una lluvia de piedras de diversos tamaños, lanzada con una seguridad mortal por la gente de Camargo. Los realistas contestaron con descargas cerradas. Al ruido atronador que ellas hacían, repercutiendo rudamente en la montaña, las indiadas se pusieron en fuga. Pero no lejos de allí, en donde el camino se estrecha a tal punto que se hace necesario pasarlo a la deshilada y faldear el empinado despeñadero, volvieron de nuevo a organizarse, más terribles aún, si cabe, con Camargo a la cabeza, soberbio y despreciativo, como si en vez de hondas, sus multitudes vinieran armadas con la espada flamígera de la victoria.

Cuando la columna española se hubo prolongado en la angostura, un hondo y repentino fragor retumba en toda la comarca.[153] Enseguida resuenan «alaridos de triunfo en lo alto, y lamentos y maldiciones en el fondo del precipicio. Eran las armas de la republiqueta de Cinti que intervenían en el combate: los formidables galgos de los antiguos peruanos que aplastaban la columna española». Peñascos de gran volumen y de muchas toneladas de peso, que requerían las fuerzas de cuarenta o cincuenta hombres para ser removidos, desprendíanse de la cima, rodando por la pendiente casi perpendicular del despeñadero y arrastrando a su paso multitud de piedras de diferentes tamaños. Tales desprendimientos se sucedían sin interrupción y caían al fondo rompiendo las filas españolas en varios pedazos, que se agitaban en el estrecho sendero como los fragmentos de una serpiente.[154]

Así marchó todo el camino la legión realista, perseguida, acosada, maltratada en todas las formas posibles, dispersada a pedradas, herida por todos lados como si un ejército de implacables Erinias se hubiera desencadenado sobre ella. Desbaratada y maltrecha, llegó, por fin, el día 3 de febrero hasta el río de Palca Grande, que para colmo de sus desventuras venía engrosado. Allí fue alcanzada: las pedradas y los garrotazos, una que otra descarga de su mala fusilería, agregada a los alaridos atronadores de la turba, que saboreaba su triunfo, la obligó a precipitarse a la corriente. Ahogáronse muchos, y el resto humillado de los veteranos, tan orgullosos antes, siguió apresuradamente su marcha, cruzó el pueblo de Cinti sin detenerse, trepó las alturas de su izquierda, para esquivar la persecución y pocos días después entró con la mitad menos de sus fuerzas, en el cuartel general de Cotagaita.[155]

Algo análogo pasó con el batallón Verdes, que al mando del comandante Herrera marchó en dirección a Chuquisaca. Desde que salió de la Laguna —dice el biógrafo del general Belgrano—, hasta que llegó a Tarabuco, tuvo que abrirse paso a sangre y fuego. En Tarabuco lo esperaba Zerna con sus 2.000 indios, teniendo a sus órdenes grupos numerosos que daban proporciones

---

153 Mitre, *Loc. Cit.*, tomo 2.º, pág. 519.
154 Mitre, *Loc. Cit.*, tomo 2.º, pág. 520.
155 Mitre, *Op. Cit.*, pág. 580; La Madrid, *Observaciones*; Torrente, *Historia*, tomo 2.º, pág. 213.

enormes a la multitud.[156] Allí se trabó un combate memorable el 12 de mayo de 1816. Perdida toda esperanza de salvación, agotadas las fuerzas físicas y morales, pero conservadas las municiones, el comandante Herrera trató de formar cuadro, y alzando en sus manos la bandera arengó a la tropa que ya no tenía aliento. Los indios, como en Ancapuñima, se fueron a las manos y les arrebataron los fusiles obligándolos a rendirse a discreción. Enseguida los mataron a garrotazos, pasando por las armas a Herrera y a trece oficiales más; solo un tambor escapó de la matanza.[157]

En casos análogos las indiadas no escatimaban el placer de mil suplicios bárbaros, entre los que el saqueo, la ejecución a pedradas y a palos o la muerte angustiosa en otra forma, daba completa satisfacción a sus bestiales instintos. Cuando entre ellas se pronunciaba la derrota, la matanza no era menos horrorosa. Aquellos veteranos, que no parecían cansados de matar, poseían un diabólico secreto para encontrar fuerzas en sus músculos gastados. Degolladas, apuñaleadas o destrozadas por las balas, consumíanse filas enteras de la multitud, cuando con paso precipitado huía en todas direcciones. Las cabezas de los caudillos se alzaban en los caminos para escarmiento de las poblaciones rebeldes, las aldeas quemadas y los campos asolados daban a la guerra un tinte feroz y prehumano. En la jornada de Villar, donde fue muerto Padilla, solo sesenta fueron los muertos de la batalla y ochocientos los ejecutados. El implacable Aguilera hizo clavar la cabeza de Warnes sobre la picota y en el espacio de menos de cuatro meses mandó fusilar novecientas personas de todas las edades.[158]

Pero la multitud triunfa con la ilógica de su táctica, como los ejércitos disciplinados en otras ocasiones con la lógica de la suya y su arte lleno de admirables previsiones. En todas esas extrañas batallas los rápidos golpes, más que hábiles, de una audacia impulsiva, constituyen uno de los recursos de su arte. ¿Queréis nada más inesperado que aquel rodeo que dio el ejército patriota a la ciudad de Tucumán para caer sobre el flanco del realista al

---

156 Urcullu, *Apuntes*, pág. 92; Gamba, *Loc. Cit.*; Cortés, *Historia de Bolivia*, pág. 67.
157 Parte oficial de Padilla al Director Supremo de las Provincias Unidas, 24 de abril de 1816; Torrente, *Op. Cit.*, tomo 2.º, pág. 217; Mitre, *Loc. Cit.*, tomo 2.º, pág. 592.
158 Urcullu, *Loc. Cit.*; Mitre, *Historia de Belgrano*, tomo 2.º, pág. 605.

principio de la acción? Rapidísimas, como las de la fiera desesperada, eran a veces sus marchas, incontrastables fueron siempre sus empujes.

¿Acaso el centro del ejército de Tristán se imaginó jamás que la llamada infantería patriota, sin bayonetas unos, con cuchillos otros, y todos en una inferioridad material evidente, iría a estrellarse contra sus férreas compañías, dispersándolas en una violentísima y desesperada carga? ¿El buen sentido, los principios más elementales de la táctica, no aconsejaban abstenerse de cargar a cuchillo y a palos las columnas admirablemente disciplinadas y coherentes de un ejército como ese...? La multitud argentina poseía la naturaleza del protoplasma; muerta y consumida, cualesquiera de las partes que quedaba, tenía el depósito de la vida y seguía funcionando y representando la encarnación del pensamiento o del sentimiento motriz de la emancipación. El interés que tiene el estudio de la vida se concentraba por entero en esa maravillosa substancia, que es la única apta para producirla. La multitud encierra ese secreto de la vida colectiva cuyo vigor es un misterio, dada su sencilla organización. Si es imposible atribuir al protoplasma una forma o una estructura complicada, es igualmente vano querer asimilar la estructura de la multitud a la tribu, a la horda, a la secta, buscando en cualesquiera de esas configuraciones morales el secreto de su fuerza. El protoplasma no es ni un sólido, ni un líquido, y sin embargo tiene la resistencia de los primeros y la docilidad de los segundos para afectar una forma. Fluido, el protoplasma se fusiona con los líquidos en el seno de los cuales vive; sólido, es decir, transformado por el progreso de la evolución, ya no tiene las propiedades vitales de resistencia primitiva. Su consistencia peculiar es, pues, una condición indispensable de su existencia,[159] y todo demuestra que la vida, en lo que tiene de más general, reside en una substancia sin forma, sin estructura particular que hasta se le ha puesto sin dimensiones determinadas y sin personalidad. Tal es la multitud, que encierra como el protoplasma, ese secreto de la vida elemental.

---

159 Edmond Perrier, *Les colonies animales*, pág. 34.

Capítulo VI. La multitud de las tiranías

Condiciones fisiológicas especiales, facilitaron a la multitud de los campos el ascendiente que adquirió en los años posteriores de la revolución. Las multitudes de donde salieron Artigas Ramírez, Rosas, Quiroga y todos los demás caudillos difieren antropológicamente de las que se forman en las ciudades y en la campiña circunvecina o suburbana, diremos así, para distinguirla de aquélla, mucho más alejada de los centros poblados, y por consiguiente más bárbara y montaraz. La de las capitales fue la autora de la emancipación. Mientras sus recursos y sus fuerzas se agotan en esa guerra, las cerriles bandadas de la pampa y soledades del litoral se producen silenciosamente, como los lepóridos, en el medio fecundo de su vida libre y sin leyes.

En las grandes batallas de la Defensa, en Suipacha, Salta, Tucumán, Montevideo y Paraguay, se desangran hasta la anemia, y se extingue aquélla, en la fatiga irremediable que le produce tanto esfuerzo. Luego se desparrama y se disuelve en los ejércitos de Chile, del Perú y de Colombia. Mendoza, San Juan y San Luis quedaron casi despoblados, después de la remonta del ejército de los Andes en 1819. San Luis, solo, contribuyó con 2.185 soldados, de los cuales, mil próximamente eran solteros, válidos y por consiguiente físicamente aptos para la reproducción.[160] En esa proporción las demás, que solo se reservaron los que la selección militar había rechazado por poco aptos para llevar las armas, arrostrar los peligros de la intemperie y las inclemencias de las guerras, cuyos rigores demandaban extremada resistencia. De ahí resultan las poblaciones fatigadas que aunque nerviosas y alerta, nada pueden contra la debilidad irritable del terror y el continuo desgaste de una sensibilidad usada con abusiva prodigalidad.

La selección militar de las guerras de la emancipación prepara el triunfo y predominio de las multitudes campesinas que luego se cristaliza en la gran tiranía de don Juan Manuel. Calculo en más de veinticinco mil hombres hábiles, y en plena virilidad, los que durante la guerra de la independencia hasta el año diecinueve, más o menos, han muerto en las batallas y combates contra los españoles, o que han desertado o abandonado las ciudades por

---

160 Estado de aislamiento general presentado por el gobernador Dupuy, López, tomo 8.°, pág. 24.

temor al servicio. Y si se tiene presente que según el censo del virrey Vértiz en 1778, la ciudad de Buenos Aires no contaba arriba de 24.000 almas, cifra que en 1801 ascendía, según lo computaba exageradamente Azara, a 40.000, que en 1810 el censo que mandó levantar Moreno, solo arrojaba 55.000 almas, si se tiene en cuenta —decía— todos esos datos, fácilmente se verán las proporciones que afectara la selección militar ejercida casi exclusivamente sobre las ciudades y los suburbios.

Mientras tanto, las agrupaciones del litoral y fronterizas, de donde van a surgir las multitudes de la anarquía, están ajenas a ese proceso selectivo, aunque, como vamos a ver más adelante, sujetas a otros, que lejos de invalidarlas, más bien las vigoriza.

En el silencio del dilatado campo y del monte impenetrable, en la zona mitoyenne en que vivían, oscilando entre el indio en completo salvajismo y el habitante de la híbrida ranchería, que tarde y vagamente empieza a participar del remoto influjo de la ciudad, comienzan aquéllas su rápido y hasta exuberante desenvolvimiento. Las tribus de Minuanes, Charrúas, Jaros, etc., etc., no se extinguen en el verdadero sentido fisiológico de la palabra, del mismo modo que no se pierde el oxígeno y el hidrógeno al transformarse en agua, bajo la acción de una corriente eléctrica. Todas las montoneras (su mayoría por lo menos), si no procedían de allí por lenta transformación biológica, tenían sin duda el dejo acre de la influencia de esa sangre. Sus borracheras homéricas, la igualdad sin clases, sus armas y el odio a la ciudad, residencia del extranjero, es decir, del español, su color y hasta el tipo de su barba, de su mano, de su pie, finalmente multitud de otros caracteres sociales y antropológicos, estaban revelando su común origen.[161] Se parecían como se parece la alfarería de los Minuanes a la de los Charrúas porque proceden de una misma mano ancestral.

«Grupos embrionarios de chozas sin más contacto con el mundo de los vivos que los indios Tapes y Taqueses de la selva del Yuquery», en cuya espesura se refugiaba extraña y numerosa población, daban al cuadro el carácter tan peculiar que llamó la atención del curioso Martigny.

---

161 Véase L. F. Martínez, *Apuntes históricos sobre la provincia de Entre Ríos*, tomo I, pág. 77; P. Bauzá, *Historia de la dominación española en el Uruguay*.

Por una o por otra razón, la turba aventurera y antisocial huía de los centros poblados a los campos, donde formaba mezclas y mestizaciones heterogéneas con las indiadas turbulentas con las cuales mantenían frecuente contacto. Los desalmados montaraces de las islas, en el enmarañado suelo de las cuales no habían penetrado jamás las leyes ni las autoridades civiles del régimen colonial, hacían el *pendant condigno* de aquel otro cuadro de la naturaleza primitiva. Las gentes que habitaban las casuchas de paja y de construcción prehistórica que se agrupaban en esas aldeas, llevaban, como todas las demás de su especie, aisladas en el inculto desierto de las tres regiones litorales, una vida vegetativa y salvaje.[162] El desamparo y la pobreza tenían todo el país sujeto al miedo y a la humillación; y bajo esa atmósfera depresiva, degradadas las costumbres, incierta la propiedad, temblorosa e inerme la familia, si familia podía llamarse aquel vivir irregular de la poligamia pampeana, se había extinguido, poco a poco, todo destello de civilización y de orden. Según un distinguido publicista argentino, cuya perspicacia y preparación son tan notorias, las masas incultas y haraposas, de donde debía surgir el espectro sangriento de la anarquía, se componían de un derivado de las antiguas tribus Guenoas y Charrúas, Guaycurúes y Tapes, mezcladas con gauchos mestizos tan salvajes como ellas y desligados por entero del tipo europeo puro introducido por la conquista. Hasta 1810, las leyes civiles y administrativas del régimen colonial no habían tenido tiempo de penetrar en tan vastísimas y enmarañadas regiones que forman las fronteras de Corrientes, Entre Ríos y Estado Oriental, en el Paraguay y el Brasil.[163] La propiedad civil no era respetada ni siquiera conocida remotamente; las tierras carecían de deslindes y cada uno poseía la que pisaba hasta que otro más fuerte se la quitara.[164]

De manera que se formó allí una población completamente especial, casi autóctona, porque se desenvolvió sin contacto alguno con la ya exangüe civilización de las ciudades; eran como otro país, como dos razas distintas que se ignoraban las unas a las otras, por el alejamiento colosal en que los tenía

---

162 V. F. López, *Historia de la revolución argentina*, tomo VII, pág. 468.
163 V. F. López, *Historia de la revolución argentina*, tomo 5.º, pág. 121.
164 Véase también, Francisco Bauzá, *Historia de la dominación española en el Uruguay*, López, Loc. Cit., n.º 122.

120

la absoluta falta de viabilidad en campos extensísimos. Hoy mismo uno se asombra de que haya entre centros distintos de la república, tantos cientos de leguas de tierras, cuyo seno ignoramos, a pesar de nuestros telégrafos y ferrocarriles. ¿Cómo estarían entonces, en que para salvar la distancia entre Córdoba y Buenos Aires, necesitábanse meses enteros? Así se explica cómo pudieron ser tan exóticas para las ciudades, esas muchedumbres que parecían haber brotado de entre maleza de los campos, a tal punto se ignoraban recíprocamente. Así también se explica que su silueta se confundiera con razón en la imaginación del ciudadano, con la de las indiadas salvajes.

En una memoria presentada a la sociedad de Antropología de París, Durand (de Gros) puso en evidencia la diferencia del índice cefálico de los urbanos y de los campesinos en los departamentos de Rode, Villefranche, Millau y Saint-Afrique.

El autor de ese descubrimiento cometió, como observa M.G. de Lapougue, un error buscando la interpretación del fenómeno en una influencia dolicocefalizante de la vida urbana, pero con mayor estudio llegó después, y al mismo tiempo que Ammon y Lapougue, a descubrir la causa verdadera, es decir, la selección.[165] Naturalmente, que cuanto más alejada del contacto urbano sea esa vida selvática, más grande será la diferencia entre ambas. La inteligencia tiene que ser necesariamente más torpe y crepuscular, y todo lo que para el ciudadano es claro, para aquél es turbio y confuso.

Calori, hizo años después en Italia, observaciones idénticas sobre la diferencia de índice de las poblaciones urbanas y rurales.[166] Jacobi indicó bien claramente también (1881) la influencia selectiva de las ciudades. Para qué insistir más. Si esta diferencia existe entre individuos y poblaciones que, por la estrechez del territorio puede decirse que se tocan, ¡cuán grande no sería entre pueblos, que, separados por inmensos territorios desiertos e inaccesibles, no estaban jamás en contacto! El aduar y la tribu, con sus griterías y sus desnudeces ingenuas, el meík del hombre prehistórico, era concretando la organización de los litorales en esa época y en esas regiones tan inaccesibles a la planta civilizadora del europeo.

---

165 Lapougue, «Les lois fondamentales de la Anthropo-Sociologie», *Revue Scientifique*, octubre 30 de 1897.
166 Archivo por *l'Anthropología*, XVI, pág. 274.

Sujetos a las mismas leyes que otros pueblos y otras tribus, cuya historia es conocida, tenía que observarse en éstas los mismos fenómenos. No habiendo costumbres, en el sentido civilizado de la palabra, ni control social ni nada que se le pareciere, la promiscuidad y el desorden, no por libertinaje, sino por ignorancia, debía ser grande necesariamente. ¿A qué debían esas agrupaciones su vigor y el desarrollo de su natalidad extraordinaria, el mejoramiento del físico y la calidad de su empuje material? A las mismas leyes que rigen para otras, puestas en igualdad de condiciones. La fecundidad explicable dando pábulo a la extraordinaria natalidad que llamó la atención de don Félix de Azara, puso un día en peligro a la naciente civilización argentina; como la fecundidad de los negros del centro de África, que en parte es compensada por el increíble consumo de vidas humanas que las expediciones sangrientas producen, pondrá en peligro la civilización europea, según el pesimismo de un filósofo moderno, cuando ella misma le imponga la vida pacífica y sus artes más sencillas.[167] ¿Será cierto, como dice el autor de *L'anthropologie et la science politique*, que de allí vendrán los bárbaros del porvenir, pero no los bárbaros de noble raza, como los germanos, sino los destructores posibles de la civilización?...

En tan primitiva sociedad, que llamaremos argentina, porque entonces lo era todavía, la familia tenía la misma organización irregular de las indígenas. La mujer era un simple instrumento de trabajo y de reproducción, no recibiendo del hombre, sino la caricia brutal en las horas del celo, por más que escritores imaginativos hayan pintado en románticos y anovelados episodios, los amores del gaucho de aquella edad. Y era de reproducción activa, porque el número de mujeres de que cada hombre disponía era grande: por lo menos solían pasar dos, que una adelfogamia inconsciente, y sin más propósito que los goces de la variedad, solía ampliar hasta límites de harén. A ser esto cierto, como parece resultar de las informaciones más autorizadas, el procedimiento daba resultados propicios para el desarrollo vegetativo. El Egipto vivió cinco mil años bajo ese régimen y en virtud de la adelfogamia reglamentada; y la sociedad caldea ha durado tanto más por el mismo motivo.[168]

---

167 G. Vacher de Lapougue, *Selections sociales*.
168 Maspero, *Selections sociales*.

Entre nosotros, las masas la practicaban por grosería de estructura, más que siguiendo un propósito político; pero el resultado era el mismo: la conservación de ciertas calidades de vigor físico y de carácter para la guerra y las azarosas peregrinaciones que las llevaban de un extremo a otro del territorio. Además, una selección favorable dábales aún más superioridad física todavía frente a la debilidad progresiva que la selección militar iba produciendo en el hombre de las ciudades. Los jóvenes defectuosos, por ejemplo, que son más comunes en estas últimas; los débiles y de nutrición hereditariamente insuficiente y que constituyen un factor tan importante en la excesiva morbilidad de los grandes centros urbanos, no se conocían en las provincias más salvajes; el niño que allí llegaba a la juventud, era porque había tenido un caudal suficiente de vigor para resistir las vicisitudes de una existencia en que la alimentación es desigual y las fatigas y privaciones sinnúmero. Esa vida semibárbara, expone al hombre a la humedad, a la lluvia y al soplo de los vientos helados; los individuos pobres o medianamente constituidos, que el azar protegía hasta la edad en que era menester cargar las armas y pelear con el tigre o con el toro alzado, perecían rápidamente agobiados por la lucha.

El estudio de las tribus de la América del Norte, hecho con cierto criterio científico, ha demostrado la enorme mortalidad infantil experimentada antes de poder suministrar la élite de los guerreros necesarios para el mantenimiento de la tribu.[169] Así y todo, ¿cuál será su fecundidad cuando la natalidad permite el desenvolvimiento casi prodigioso de tales poblaciones? El estudio hecho en los Fidjianos, pueblo también muy belicoso, ha demostrado resultados parecidos, y en una gran parte del África los exploradores han palpado los efectos de la selección ejercida en grande escala. Las probabilidades de vivir están en razón directa del vigor físico y de las aptitudes belicosas y solo llegan a la edad de la reproducción, los que presentan un sinnúmero de condiciones favorables y las probabilidades de adquirir una o más mujeres, igualmente bellas y físicamente aptas,[170] lo que asegura una posteridad vigorosa.

169 Darwin, *La descendance de l'homme*.
170 Véase Vacher de Lapougue, *Loc. Cit.*, pág. 229.

De manera que no siendo ejercida la función reproductora, sino por el mejor elegido en la mayoría de los casos, la raza debía elevarse a una altura en que las causas de deteriorización inherentes al género de vida que llevaban, solo influirían con sus compensaciones regulares. El más diestro en el caballo, el más guapo y atrevido en la pelea singular, el más gaucho como se decía entonces, siendo el que mejores mozas conquistaba, era el que aseguraba mejor la perpetuidad y vigor de su raza: la selección tenía un doble efecto, porque los individuos defectuosos desaparecían sin haberse reproducido; y los mejores, colocados en condiciones que les aseguraban una posteridad tanto más abundante cuanto que sus propias cualidades materiales los elevaban por cima de las contingencias nutritivas.

Y se me ocurre preguntar: ¿esos bárbaros físicamente tan vigorosos en su musculatura de hierro, no aportaron su contingente de sangre aséptica a las ciudades exhaustas, en las que la mayoría de ellos acabó después sus peregrinaciones accidentadas? No tengo documentación suficiente, no ya para resolver tan arduo problema de antropología, pero ni siquiera para estudiarlo con la suficiente profundidad. Pero verosímilmente, en lo que respecta al físico, fueron, en parte, nuestros ascendientes étnicos como el pitecántropo lo fue del hombre en edades remotas. Circunstancias especiales de medio y de época, produjeron su aparición: luego, cuando aquéllas cambiaron introduciendo condiciones biológicas que les hiciera la adaptación imposible, desaparecieron. A la geografía jurásica corresponde, como se sabe, la fauna y la flora jurásicas y a la disposición moderna del globo, la fauna y la flora modernas: eso por demasiado sabido es vulgar. En el intervalo, las transformaciones del medio y de las condicionies de vida, han traído incesantes sustituciones, la decadencia de las unas, el desarrollo de las otras. La extinción de los grandes saurios jurásicos ha precedido a la de las formas que nosotros hemos reemplazado, lo mismo que verosímilmente a nuestra vista se forman las que un día nos reemplazarán a nosotros.[171]

Ese gran movimiento y entrevero de las masas tuvo, por otra parte, algo de la influencia de las descargas eléctricas y de las grandes convulsiones de la atmósfera, tal vez la acción físicamente purificadora de los imponentes trastornos del mundo primitivo. El ciclón que sacude las capas profundas

---

171 M. F. Schroder, *Revue Scientifique*, julio de 1897, n.º 2.

del ambiente, como el frío y penetrable viento que sopla de los desiertos, trayendo toda la pureza perfumada de sus soledades, es un agente eficaz de renovación vital en el alma de ese aire perezoso y que le parece a uno soñoliento, cuando rodea a las ciudades en un abrazo asfixiante. La Europa suministra generalmente poco vapor de agua a su atmósfera, el aire que la cubre necesita que las grandes corrientes se lo traigan del océano como una bendición, y en su trayecto, si no en su origen mismo, esos colosales movimientos encuentran circunstancias propicias que le imprimen la agitación y la vida. Rara vez las corrientes saludables del sudoeste llegan a sus costas, dice Davy, sin haber experimentado la acción de tormentas y borrascas antes de llegar allí.

Este período de nuestra evolución tiene ese mérito, o mejor dicho, esa característica política: incorpora considerables masas al sentimiento de la nacionalidad a que eran ajenas hasta entonces. La anarquía desempeñó una doble función en nuestra economía social: determinó por el choque y los contactos que son conocidos, tan saludable asimilación y revolvió todo el fondo vetusto determinando el movimiento de transformación que lo hizo en parte desaparecer. En las regiones de América en donde no se produjo, se ve que aún conservan en todas sus instituciones y en las costumbres, la fisonomía colonial que les es tan peculiar todavía.

Tal es, ligeramente esbozada, la estructura de las poblaciones en que se formó la multitud de las tiranías.

Las indiadas constituían, puede decirse, su tejido conjuntivo, cuyas facultades nutritivas daban a la multitud tan especial aspecto; eran el elemento bullicioso y andariego, y por una de esas asociaciones a la manera microbiana, duplicaban su virulencia y la excesiva tendencia deambulatoria que es la peculiaridad de la tribu. Cuando se pusieron por primera vez en contacto con las poblaciones semicultas, ninguno tenía idea de nada y los que la poseían elemental, la habían casi perdido al contacto de aquel medio barbarizado, en donde de años atrás pernoctaban. Poseían apenas una vaga noción de la Independencia, a cuyas luchas fueron ajenos; y cuando en sus primeras correrías llegaron a cruzar sus armas con las tropas de las ciudades, creyeron pelear contra los soldados del legendario preboste o el justiciero del rey, que muchos de ellos habían conocido en época remota, y que de vez

125

en cuando «aparecía por las sendas y encrucijadas del país, ahorcando bandidos y salteadores según su buen entender y juzgar». No tenían, por otra parte, ni el más pequeño sentimiento de la nacionalidad, ni menos, para qué repetirlo, idea de aquel famosísimo gobierno federativo que escritores avanzados, por no llamarles con otro nombre, les han atribuido. Menos habían de conocer, por consiguiente, los colores de la bandera nacional, símbolo por el cual hasta el mismo Rosas, que lo transformó sacrílegamente, no tuvieron el menor respeto. Recuérdese, en prueba de esto, que ha sido posteriormente, peculiaridad de las multitudes de este período, la creación de banderas y lábaros extravagantes que han desaparecido después. Artigas creó uno con grandes franjas coloradas, Quiroga otro con calaveras blancas en fúnebre fondo negro, y Rosas, una más extraña aún, que puso en manos del viejo Bruno para que lo izara como insignia frente a Montevideo.

¿Cómo se pusieron en contacto con los centros poblados? ¿Qué fuerza o qué propósito grande o pequeño las empujó hacia ellos? Principian por las grandes corridas de avestruces, que en la vida del campesino trajinante, constituyen un sabroso entretenimiento cuando se verifican en alegres partidas de veinte y de treinta camaradas. Luego las batidas de animales vacunos y yeguarizos en mayor escala, no solo como diversión, en las que toman parte numerosísimas partidas parecidas a ejércitos por su magnitud, sino también como negocio lucrativo y medio elemental de vivir. Las cuereadas asolan más adelante las estancias, que el Pacto de octubre había dejado bajo la jurisdicción del gobernador militar de Montevideo, dando abundante cosecha a la vagabunda turba, que va, cada vez más, acercándose al caserío o a la chocería fronteriza, medio abandonados. Comienzan allí su codicia y sus sórdidos apetitos a percibir las fruiciones anticipadas del saqueo; despiértanse luego en el cerebro embotado nuevas sensaciones y necesidades en presencia de los vinos y de los licores violentamente estimulantes para aquellas sensibilidades poco ejercitadas; los trapos con exceso coloreados, los sombreros pintorescos, las camisetas y chiripaes novedosos, y la variada orfebrería, que llena de metales falaces el cuerpo, puebla la imaginación del campesino de imágenes de poderío y de riquezas magníficas, que acaban por despertar en su atolondrada mente, la tendencia impulsiva que los precipita sobre las ciudades.

¿Propósitos políticos? ¿Instintos oscuros, vagas aspiraciones de organización, como fue instinto el de las otras multitudes por la independencia? ¡Nada de eso. Simples correrías de vagos y bohemios, que se convierten en multitud inconsciente después, y si hicieron alguna vez prosa sin saberlo, defendiendo latines, como llamaba el coronel Hereñú a las graciosas tendencias federales de Ramírez, fue por las mismas razones que Facundo Quiroga se echó a la calle sable en mano para defender la religión católica que nadie atacaba! Conocido el camino y puestos incidentalmente en contacto con los pueblos de adentro, las multitudes comienzan a organizarse. El más caracterizado envía su mensaje al rancho inmediato para solicitar al paisano y a sus hijos, dos, tres, o los que puedan concurrir; éste, a su compadre o aparcero, que no dista una legua de su casa y que por gratitud de regalos y préstamos de caballos o de otra cosa, se siente movido a acompañarle. A ellos se reúne el hijo mayor o el sobrino de otro vecino fronterizo; el acarreador que vaga por la comarca sin ocupación conocida y los hombres sin trabajo y sin objetivo en la vida, estimulados por la grata perspectiva de la tropillita de caballos ajenos, que en tiempos turbios andan errantes y sin dueños exigentes; enseguida se agregan los que por algún otro motivo tienen que salir del pago, los que sienten el aguijón de su espíritu aventurero, los cuatreros y los que desean andar por necesidad de sus músculos, los desertores y los inconscientes, por seguir a los otros que son sus amigos, sus parientes o simplemente conocidos: obedecen al impulso que paulatinamente va moviendo a cada uno. Caminan juntos comunicándose las impresiones y estableciendo un principio de comunidad; el alimento que uno obtiene lo comparte con el otro; del agua que consigue con trabajo un desconocido de todos, participan muchos, lo que establece un vínculo y una superioridad; así va naciendo la comunidad del hambre, de la sed, de todas las emociones elementales, que establecerá más tarde la solidaridad general que ha de hacerlos hasta cierto punto indestructibles.

Todos van empujados por móviles puramente personales, pasiones estrechas, necesidades urgentes de la vida, pequeños sentimientos hostiles o simpáticos, impulsos que en la mayoría de los casos nacen de esa alma medular que, con un poco de complicidad de las más bajas esferas cerebrales, hacen del hombre, en determinadas circunstancias, el animal razonador de que hablaba Pflugger. Ninguno sabe, ni el país en que vive, ni la forma de gobierno que lo rige, ni si el hombre que lo manda es español o turco, rey, presidente, director o triunviro. Ninguno conoce jefe o caudillo todavía, autoridad alguna que lo obligue, pensamiento que se eleve un poco por sobre las necesidades elementales de la vida infra-cortical y que lo eche en un partido más bien que en otro. Y, por fin, ninguno pregunta a dónde van y a qué, porque el que anda detrás va siguiendo al de adelante por alguna de las razones expuestas; los dos, al que va a su cabecera, y todos, la secreta atracción del poblado, de la estancia rica, de la pulpería tentadora que con brazos abiertos en las soledades del desierto les brinda los primeros sabores de la civilización, las primeras sugestiones en la charla apetitosa de todos los días. Así van engrosándose los grupos y distribuyéndose recíprocamente los elementos morales de la difundida sugestión, que discurriendo después por los grupos más grandes aprietan los vínculos que más tarde van a constituir el alma colectiva de la multitud.

Lo que llamaríamos la filogenia del caudillo, o *meneur* es entonces sencilla.

La superioridad comienza a establecerse por la presencia de circunstancias fortuitas y casuales; por la posesión de calidades muchas veces pueriles e insignificantes. Se principia por tener un buen caballo, o muchos buenos caballos de carrera y de paseo; ese caballo y ese jinete ideal que hablan tanto al sentido plástico elemental del gaucho, y que le sugiere, aunque vaga, la sensación estereoscópica de la magnitud, dejándole apreciar de cierta manera particular la visión de bulto y sus goces peculiares. Luego, cuando se tiene un aspecto hermoso, o cuando menos físicamente prominente y llamativo, el buen caballo completa la impresión escultural que aquélla produce y que encierra para ellos la verdadera idea de superioridad. Pasa en la retina de la gente ineducada, con el color muy vivo, lo que con la visión estereoscópica: que le despierta sensaciones agradables e ideas de grandeza y de plenitud (el megalomaníaco viste de vivos colores como el salvaje). Prodúcese, al parecer, un acrecentamiento de la claridad, por lo que las sombras y los rasgos oscuros permanecen relativamente atrás; la impresión de volumen y espesor aumenta al transmitirse al receptor definitivo en la corteza de la circunvolución occipital, y lo que es como dos, se recibe allí como seis, porque falta ese control intelectual que transmite la impresión y reduce la sensación a sus verdaderas proporciones, alejando en lo posible la ilusión óptica, que es en el primer caso frecuente.[172]

Los que conocen a fondo lo que era la vida en los campos en tiempos en que el inolvidable don Francisco no había surgido aún como producto de la hibridación moral del napolitano y del gaucho, sabrán aquilatar la importancia, que tendría entonces para la multitud esa circunstancia, al parecer pueril, de tener los mejores caballos, de ser un artista en el lazo y en las bolas, y de poseer prendas, de mucho valor en el traje y en el apero. La idea del valor personal y de las misteriosas habilidades, surge de allí, porque se supone que aquel poseedor, las ha obtenido por medios violentos o por dádivas de la suerte, que es deidad poderosísima y supersticiosamente adorada por la multitud; toda vez que la idea del trabajo y del ahorro no entra en su cerebro por ningún resquicio, y puesto que es aquél el medio único que ellos conciben para obtenerlas.

La imaginación, de suyo pueril, y, naturalmente, exaltada, agrega un poco de su cosecha; la visión alucinada, ve de oro los botones de composición del rico tirador, las zarandajas de la copiosa ferretería de su traje; y la fantasía, con otro poco de temor y de viveza creadora, le atribuye hechos y cosas que pertenecen a otros y que él no ha pensado realizar, intenciones y vivezas en donde no hay sino estéril y callado reposo de su flaca malicia. Si a esto se agrega que el hombre sea un poco de calidad, o como don Juan Manuel niño decente y rico, aunque, como él, sin asomo de valor personal, la dominación y el prestigio van como un médano creciendo, no por obra propia, sino por el acarreo de las auras populares que acumulan caprichosamente los estratus de la falsa montaña. Lo demás lo verifica la costumbre, que concluye por consagrarlo; el hábito acaba por adecuar en el cerebro el número de células necesarias para esa inconsciencia del sentimiento y de la inteligencia; y así como el clérigo que hace treinta años que dice dos misas diarias, tiene el automatismo de la unción y del fervor oportuno, hasta con ternura de voz y miradas de contrición, aun cuando los territorios cerebrales de la conciencia anden por lejanos y contradictorios pensamientos, así también la multitud admira por costumbre, obedece y se somete, porque la

---

172 Véase Hirth, *La vue plastique.*

repetición de actos iguales le han creado el mecanismo reflejo de la obediencia y de la admiración. Una misma operación repetida a menudo, enseña la Fisiología, crea un hábito, trazando un camino determinado en el sistema nervioso general, camino que se sigue después por todas las incitaciones del mismo género. Al contrario, si se deja pasar largo tiempo sin realizar esta operación, ciertas partes de la senda trazada se destruyen por el reposo, el hábito se pierde y el olvido se pronuncia.

Al llegar a cierta altura la sugestión comienza a venir también el caudillo hacia la multitud. Pero la corriente recíproca tiene una ley constante en su circulación que pocas veces se infringe. En otras ocasiones, ella se establece de la multitud hacia el caudillo, sobre todo cuando éste apenas comienza a serlo y a formarse; y con frecuencia acontece que persiste durante todo el ciclo de su acción sin que la recíproca tenga lugar. Entonces el caudillo es un simple instrumento pasivo, porque la ausencia de facultades sugestivas y de otras cosas, lo hace inerte para la circulación de retorno. Era lo que pasaba con Liniers y con Belgrano, dos instrumentos completamente dóciles, desprovistos de iniciativa, espíritus demasiado simples y con ribetes de una abulia visible en el carácter, para poder devolver transformado lo que recibían de la muchedumbre. Cuando ésta le retiró al primero sus poderes, dejó de ser su ídolo y su héroe para convertirse en el candoroso mártir de una tragedia en que llevó la parte menos lucida. Belgrano fue el simbólico instrumento del heroísmo de la multitud en Salta y Tucumán; pero así que ésta comienza a dejar de serlo, para convertirse en ejército, se estrella en Vilcapugio y Ayohuma, demostrando que en las primeras intervino alguna fuerza que no era su talento ni su estrategia, sino el alma calurosa de aquélla. Con Rosas sucedía lo contrario, circunstancia que establece su superioridad como caudillo: daba a la multitud y recibía de ella; el intercambio era completo.

Por otra parte, las grandes y vacías frases corrientes en las épocas de convulsión con las que se perturban tanto la conciencia y el buen gusto, y en que se traga sin mascar, ayudan la obra del caudillo y mantienen encantada, quiero decir hipnotizada, a la multitud, cuando se sabe hacer de tan mágico instrumento un uso conveniente. Las frases que para ella tienen tanto jugo, y que vienen circulando en el documento oficial, en el periódico, en la nota llena de rasgos de pluma, hirientes para la imaginación del pobre juez de paz, o del rústico comandante del campo en la proclama insubstancial, pero de una literatura oscilando entre el melodrama y la aleluya, se insinuaban rampantes y cautelosas en aquellos bajos fondos intelectuales, como en su propia querencia. Tocqueville hace notar en una de sus obras, que el trabajo del Consulado y del Imperio había consistido, sobre todo, en disfrazar con palabras nuevas la mejor parte de las instituciones del pasado, es decir, reemplazar palabras que evocan falaces imágenes en la mente de las muchedumbres, por otras, cuya novedad y exotismo impiden toda operación de crítica intelectual. La literatura de los caudillos de las tiranías, consistió en inventarlas para disminuir la vaciedad del propósito al mismo tiempo que engañarla con el brillo de sus oropeles, impresionándola con cierto sabor cabalístico sugestivo. Como a menudo sucede que ni el mismo inventor las entiende, parecían tener mérito oculto, como a modo de conjuros, de un valor moral trascendente para la mediocre lucidez de su espíritu; así es que cuando una frase o una palabra, como la santa federación, el protector de los pueblos libres, el humor perturbador de la política de los unitarios, prendía en el campo propicio de la complaciente credulidad general, el éxito estaba asegurado.

Un día del año 1840 (no recuerdo fijamente cuál), el juez de paz de San Vicente, señor Soneira, recibe del gobierno, y por medio de un rapidísimo chasque, una nota en la que entre otras frases había ésta: «los salvajes unitarios han manchado la historia». Bajo el peso de aquel extraño y fugitivo relámpago de elocuencia oficial, manda redactar otra nota y con igual urgencia la envía al juez de paz de Chascomús, quien al recibirla concebida en estos términos: «participo a usía que en el día de la fecha los unitarios han manchado la historia» llama al cura señor Erausquin para informarse sobre si debe o no tirar cohetes voladores, según lo tenía ordenado el Restaurador en oficio de 20 de enero de 1839, cuando noticias graves o placenteras llegaran al pueblo. El cura después de breve, pero madura reflexión, informa; se lanzan los cohetes, conmuévese el vecindario del tranquilo pueblito y como la constitución de los tiempos era pletógena, se organiza la multitud, va, viene, inunda los tendejones y boliches modestos de la plaza, entra y sale del juzgado, se detienen los vecinos, como las hormigas al encontrarse, en mutuo interrogatorio, y, naturalmente, indignados por la gran infamia de los unitarios. Y convencidos de que es menester escarmentarlos, sigue la nota circulando por los pueblos circunvecinos, vuela en alas del miedo y de la duda, corre por toda la campaña, hasta que transformada vuelve a su punto de partida en la forma que lo indica la Gaceta Mercantil de marzo del mismo año, insertando este curioso documento avatar de la mencionada orden. Por cierto que encierra más filosofía que todas las varias elucubraciones de los historiadores americanos: «¡Viva la Federación! ¡Mueran los salvajes, asquerosos, inmundos unitarios! Participo a V. E. que el día 15 han sido tomados en el puesto de la "Adela" los salvajes unitarios Pablo Acerra, Luciano Gracián y Emeterio Gil que han manchado la historia y que se remiten en tal calidad a esa ciudad a las órdenes de V. E. —Saluda a V. E. a quien Dios guarde por muchos años. Apolinario Quesada, juez de paz...».

Con ese criterio procedieron en muchos casos, y con él derramaron ríos de sangre, en nombre y en virtud de sugestiones profundas, ocasionadas por frases y símbolos que no entendieron jamás.

En la psicología del caudillo argentino, hay un personaje despreciado injustamente por los historiadores contemporáneos. Es el secretario, o como le llaman los gauchos, el escribano, el tramoyista de la comedia cuyo brazo no se percibe por los espectadores, demasiado absorbidos por la acción principal. Oculto entre bastidores o bajo la concha del consueta, derrama sus fluidos, y con frecuencia es el que tira de las cuerdas que manejan las actitudes de aquél. Por lo menos toda la parte literaria le pertenece, y fuera de lo que puede obtenerse de íntimo y de privado en la cancillería pampeana, sería incurrir en grave error querer juzgar a los caudillos por su correspondencia oficial, sus proclamas y sus protocolos. ¡Con decir que algunos de ellos no sabían ni leer![173] De manera que el escribano, que por regla general no era tonto, sabía, desde el principio, insinuarse en el espíritu del amo por un hábil manejo de sus latines y una constante exhibición de las lecturas indigestas que formaban su bagaje. Buen cuidado tenía de condimentarlas, adulando el paladar, un poco ambicioso, aunque nada fino, del señor. Su pirotécnica

---

173 Hereñú, uno de los principales tenientes de Artigas, aprendió a leer viejo ya. Véase El general don Francisco Ramírez por Martín Ruiz Moreno. Artigas, sabía pero garabateaba más bien que escribía. «Su juventud, dice Bauzá, Dominación española, etc., fue triste y selvática». «Vivió entre animales y salvajes», tomo III, pág. 72.

estaba llena de luces y fosforescencias llamativas; su música de bronces y tambores, aunque oportunamente quejumbrosa, con trágicos terriblequeos de voz, cuando las desgracias de la patria, infaltables, hacían su salida al son de ritmos coriámbicos, tan cómicos, como vivos y enérgicos eran éstos en la tragedia antigua. Luego de confeccionada la rumbosa comunicación, manifiesto o proclama encomendada, venía la lectura, en la que a menudo estaba el truc de la magnetización; lectura hecha con arte y especiales intenciones, levantando la voz, alternativamente airada o doliente en los párrafos que lo requirieran; con movimientos de predicador, allí donde la acción de la simple lectura o la música particular de alguna tirada patriótica no produjera el efecto esperado. Verificada la captación, el famoso secretario mojaba la pluma, y con la trágica apostura con que el inolvidable don Modesto Vásquez ofrecía el chocolate en el drama de marras, él ponía el dedo en el lugar elegido y exclamaba: firme aquí general (todos los caudillos eran generales), V. E. les da un golpe terrible a los enemigos de la Patria...

Después, quedábale al libertador analfabeto, la beata rumiación de las frases más ruidosas y acarameladas, que por mucho tiempo le galopaban en el tímpano a modo de alucinación. Muchas veces eran sinceros, porque las conveniencias imprudentes de otros hombres y de otros intereses le fomentaban aquella hipertrofia de su personalidad opaca, y, una así como oscura y confusa percepción les hacía creer en misiones providenciales, revueltas en su virgen y atolondrado cerebro con otros mil ruidos informes que sus secretarios y consejeros calificaban de ideas o inspiraciones. Después de todo eso, no había con ellos arreglo ni paz posible, atribución o constitución que les satisfaciera, gobierno o estado de cosas que fuera viable para semejante personaje lleno del aire viciado que le insuflara entre cuero y carne la intemperancia de sus colaboradores íntimos. Así fue como la Constitución, que tan luminosamente había elaborado el congreso del año 19, y a cuya formación concurrieron los hombres más notables, fue rechazada por ellos, no por federal o unitaria, sino porque era simplemente una Constitución, según la frase del canónigo Gorriti, «que empieza a ser recogida como un juicio por la historia».[174]

---

174   Avellaneda, «Rivadavia», *La Biblioteca*, mayo de 1897, pág. 230.

Las negociaciones abiertas por el gobierno de Pueyrredón para procurar la unión argentina frente al peligro de la invasión del general Lecor, escollaron ante esa enorme infatuación de Artigas, que pretendía que todos los recursos de la nación se pusieran a sus órdenes sin condiciones y sin reincorporar la Provincia Oriental. La indignación de Artigas a consecuencia de los manejos que le atribuía a Pueyrredón, tomaba formas ditirámbicas al pasar por la pluma, en perpetuo delirium tremens romántico, del padre Monterroso, fraile venal, de vulgarísimas lecturas, pero que tenía, según historiadores bien informados, «el arte de traducir los odios de su jefe, halagando su vanidad, en frases sonantes y sin sentido». Tenía que ver el entusiasmo sincero del Protector de los pueblos libres en presencia de las frases del secretario, en cuya lectura mezclábanse hábilmente la acción coreiforme del cómico español de cuño antiguo y las gesticulaciones demoníacas de un indio inquisidor emborrachado en una orgía de chicha. La intervención del caudillo en la peculiar literatura, solía reducirse a alguna pintoresca postdata con el infaltable dígamele de todos los gauchos que dictan cartas; si bien, a ser cierto lo que cuenta la crónica viperina de aquellos tiempos, el general y protector, llevado de su indignación patriótica, pidió un día se agregara a una comunicación a Pueyrredón este terrible dígamele de tan atroz naturalismo: dígamele que si no me manda el dinero le voy a hacer cortar las b... Felizmente para las letras argentinas, el fraile, esta vez discreto, sustituyola por otra frase que satisfizo ampliamente al generalísimo y donde la acción del «escribano» está íntegra y vivaz pintada como quien dice en pointe sèche. Ella sola basta para el singular proceso: «Desista V. E., decía el tinterillo, ¡de concebir tan pobre pensamiento, que de los fragmentos de sus rutinas podrá cimentarse algún día el alto capitolio que simbolice nuestra degradación!»...[175]

La multitud, compacta más que nunca, dominaba bajo el mando de Artigas todo el litoral. Santa Fe, Corrientes, Entre Ríos y la Banda Oriental estaban bajo el imperio de sus caprichos. No hay que olvidar, como ya hemos dicho, y como dato de su especial psicología, que no eran ellas las que obedecían a Artigas y a los otros caudillos conocidos sino éstos a las multi-

---

[175] Mitre, *Historia de Belgrano*, nota de Artigas a Pueyrredón, de 23 de noviembre de 1816, tomo III, pág. 137. Publicada también por la *Efemeridografía* de Zinny.

tudes, cediendo a sus caprichos y veleidades, a sus necesidades e impulsos. El *meneur* de que habla Le Bon, si bien tiene influencia y poderes sugestivos sobre ella, ejerce como a tal mientras no contraríe las tendencias predominantes, y no lo hace, porque generalmente sale de su seno: es célula que resulta por segmentación del mismo protoplasma; no tiene otra misión que ir delante la mayoría de las veces, dando en cierto modo forma a la fuerza y apetitos que circulan y dirigen la masa en virtud de instintos oscuros que raras ocasiones parecen orientarla con singular fijeza. Como el navegante que corre la tormenta, dirige hasta cierto punto su barco, pero solo dentro de los empujes y caprichos del viento que es quien traza el verdadero itinerario. Tan era así, que fuera de las multitudes o contra ellas, esos mismos caudillos prepotentes, algunos particularmente, eran estériles e inocuos; desaparecían en la más completa oscuridad. Tal sucedió con los régulos entrerrianos, «que se pronunciaron por la unión nacional y pretendieron con los mismos elementos del desorden que acaudillaron, operar una revolución militar y política, reaccionando contra la revolución social que ellos mismos habían iniciado brutalmente y que eran impotentes para contrarrestar. Hereñú el más poderoso caudillo de la Mesopotamia, el primero que dio en ella el grito anárquico levantando su pendón, el que había hecho capitular a Viamonte en Santa Fe y derrotado la primera expedición nacional contra Entre Ríos (1814), que al pronunciarse por la unión nacional era el árbitro de ambas márgenes del Paraná, al servicio del orden fue una masa inerte, un estorbo, cuando no un peligro».[176]

En Corrientes las muchedumbres imperaban en una forma tiránica y sangrienta, puede decirse. Constituida la provincia en estado de la Unión en 1813, vuelta a la obediencia del gobierno nacional en el mismo año, conquistada a sangre y fuego por las bandas artigueñas en 1815, y en pugna constante con los indios misioneros, que ocupaban sus inmediaciones a las órdenes del cacique Andresito, formaba parte de la liga federal de que Artigas se llamaba «Protector».[177] La provincia de Santa Fe, desligada de Buenos Aires, se había dado un gobierno propio, con formas municipales, y un caudillo absoluto, surgido de la multitud también, pero más templado

---

176   Mitre, *Historia de Belgrano*, tomo III, pág. 182.
177   Mitre, *Historia de Belgrano*, tomo III, pág. 138.

y más humano que Artigas. Después de la invasión del general Viamonte, que restableció allí el predominio de Buenos Aires, sobrevino la reacción sobre los hombres de las ciudades que derribó al gobernador Tarragona, sucediéndole el señor don Mariano Vera, hombre de algún valer, bajo cuyos auspicios tuvo lugar el rechazo de la invasión de Díaz Vélez. «Entre Ríos era como sociedad, más elemental todavía; dividida topográficamente en tribus pastoras y militares, gobernada por régulos independientes entre sí, sin más cohesión que la del territorio, ni más vínculo que el del caudillo prepotente que dominaba cada localidad», vivía al estado de multitud y movíase bajo el imperio de la sensibilidad irritable del litoral, que daba a todos una especie de tono general uniéndolos bajo un mismo padrón psicológico. La región del Paraná había producido al célebre don Eugenio Hereñú que, como dijimos, no sabía leer, y que tenía sin embargo bajo su mando otros caudillos secundarios que también odiaban la letra de molde. El general don Francisco Ramírez, igualmente surgido del común alkaes, tan genuino *meneur* como Artigas, y tan lleno de las máculas y defectos de la multitud, era el dueño de la provincia y tenía su cuartel general en el arroyo de la China,[178] desde donde mandaba dentro de la línea del extraño gobierno de muchedumbres que todos ellos habían fundado. Las otras provincias del centro, del norte y de Cuyo conservaban aún algún remoto vestigio de gobierno en que el libro y la modesta escuela primitiva, aún eran respetados por el populacho analfabeto. Pero pronto iba a desaparecer en la vorágine hasta el último destello de cultura para ponerse al mismo nivel que los otros.

Me asalta una duda respecto de este general Ramírez. ¿Cuál es el Ramírez verdadero; el estadista y hombre ilustrado de frac y corbata blanca del doctor Ruiz Moreno, probablemente mediocre y sin relieve, o el Pancho Ramírez del doctor López, seguramente más de acuerdo con su cuna política y su medio social? De mis disecciones prolijas no me resulta el excelentísimo general Ramírez, porque sería un producto exótico de su ambiente. Un general constitucionalista, que montara a caballo a la inglesa y que meditara la confección de códigos y de leyes de irrigación, hubiera sido el ludibrio y la mofa de esa peculiar sociedad, y no el amor apasionado y maternal, como lo fue, de las multitudes que lo hicieran su director. Los orientales buscan

178 Mitre, *Historia de Belgrano*, tomo III, pág. 141.

en la sastrería los medios de prestigiar a Artigas y lo visten con una toilette, irreprochable de general francés. Les repugna el poncho, aunque sea más lógico. Esta vez como otras el hábito no hace al monje, y toda la originalidad del tipo genuino, desaparece para dar lugar al maquillage de la historia patriótica falsificada. Fuera de la multitud que es su madre, y todo su medio familiar, Artigas, Ramírez, Rosas, etc., etc., son inexplicables tanto como lo sería Coriolano en medio de la sociedad movediza del directorio o del primer imperio.

Los hombres realmente cultos e ilustrados que en aquellos tiempos existían repartidos en mucho mayor número que hoy en las capitales de provincia, los que acostumbrábamos a llamar universitarios, tenían que combatir contra estos caudillos de la multitud, en una forma desigual, en el terreno de una diplomacia indígena y peculiar. Sucedíales lo que a las tropas veteranas regulares en presencia de la montonera. Se encontraban con una táctica que burlaba completamente toda la estrategia política que habían aprendido en los libros, bebido en la universidad y en la vida política durante diez años de azares. Y como sus extraños competidores, surgidos de las muchedumbres, animados de sus fuerzas vitales y con su misma estructura, poseían en esa circunstancia eficaces colaboradores, el país fue pronto de éstos, sin más que aplicar los procedimientos elementales que tiene el animal sagaz para defenderse con tanto éxito de la jauría perseguidora. Ninguno tenía talento, pero poseían el secreto de vibrar al unísono con la multitud, la madre común, delante de cuyas pasiones iban y cuyas necesidades satisfacían ampliamente. Extinguida, o cuando menos fatigada, la de las ciudades, que había fracasado en la guerra emprendida en 1814 y 1815 contra la banda oriental, abandonada la plaza de Montevideo, siendo vencida la expedición de 1814 contra Entre Ríos y deshecha por Santa fe, en donde las multitudes campesinas eran dueñas del gobierno,[179] quedaban solo ellas dominando y hasta constituyendo la mayoría activa del país. Posesionados de toda la república y con focos de difusión difíciles de extinguir, el contagio cundió necesariamente y la enfermedad se hizo general.

---

179 Mitre, *Historia de Belgrano*. El general Pueyrredón a los pueblos, manifiesto de 3 de mayo de 1820, tomo III, pág. 141.

La multitud con aquellos fluidos ódicos, de que hablaba el barón de Reinchenbach, o con algo parecido que debe poseer, tal es su poder de contagio, comenzó a tocar los únicos ejércitos regulares que quedaban en pie. Esos órganos de rectificación y de control político y social, principiaron a caer en el reblandecimiento y la anarquía.

¿Y cómo se transforma en multitud un ejército que ha sido antes ejemplo de disciplina y de moral?... Comienza en el espíritu de las clases un trabajo en virtud del cual los actos de obediencia, que son sistemáticos e inconscientes casi, se hacen conscientes, y para mejor expresar mi pensamiento, diré que se hacen cerebrales. Entonces viene la crítica y la discusión, subterránea porque es tímida todavía y aún no se exterioriza en el diálogo animado de la cuadra, el análisis de cada acto y de cada movimiento del superior, la intervención de la voluntad moral. Pasa con los actos de obediencia, según colijo, lo que con la marcha y otras manifestaciones reflejas, que son inconscientes y puramente medulares al estado de salud, pero cuando empieza a intervenir el cerebro, cuando para verificarlos hay que pedir el auxilio de arriba, es porque la enfermedad ya ha comenzado su obra de alteración; la ataxia ha tomado cautelosamente posesión definitiva de sus cordones predilectos, y las piernas van para un lado, y los brazos y la cabeza para el otro. El subalterno deja de ser tal, para convertirse en el compañero, el compañero en el amigo; el vínculo de la disciplina es sustituido por el de la camaradería y la infección que principia de arriba a abajo, de las clases a los soldados, vuelve de abajo a arriba, por una circulación más activa, en forma de violento desorden que al contacto de la tropa, transformada en multitud, ha tomado mayor virulencia. Así convierte a los oficiales y a los jefes más caballerosos y sometidos en el acabado ejemplar del montonero y del bohemio vagabundo.

¿Queréis, entre otros muchos, un par de ejemplos elocuentes? Recordad a ese glorioso general Paz, después de la desdichada aventura de Arequito; y con caracteres menos acentuados en el contraste, al brioso de don Carlos de Alvear, después de la disipación de sus bellos planes de expedición combinada al Perú. Parecería imposible que el vencedor de la Tablada, que era un monumento de disciplina y de obediencia, pudiera haber sido contaminado; y necesita uno penetrarse bien de su índole y de su temperamento estructuralmente militar para darse cuenta hasta dónde puede llegar el influjo de una constitución pletogenética cuando actúa sobre tales espíritus. «Yo fui víctima en el negocio de Arequito», solía decir el general en las conversaciones de su vejez debonaria, —«no hay cosa que más me atormente que hablar de eso»—[180] agregaba, poniendo melancólicamente adusto y oscuro aquel noble rostro que tenía acentuada la hermosa fealdad de los corazones magnánimos.

Arequito fue el primer foco que la anarquía del litoral desarrolló en las provincias del norte. Después de ese desgraciado avatar del ejército en multitud, la noche extiende sus sombras piadosas sobre tantos dolores.

La agitación de las pasiones que había provocado la guerra; la angustia de las familias; el terror de los hombres comprometidos en la política; la indignación del orgullo humillado; las recriminaciones contra los gobernantes que no habían sabido precaverse de los ruinosos resultados de la guerra y, finalmente, la necesidad suprema de defenderse contra las turbas enemigas, animadas del deseo de exterminar y de convertir en un desierto las ciudades, llenaban de terror la mente de los que se tenían ya por víctimas del derrumbe.[181]

Casi todas las capitales vivían en estado de tímidas multitudes y era esa la razón de su solidaridad unánime tanto para el dolor y el heroísmo como para las más inconcebibles cobardías. Tanto a Buenos Aires como a los otros grandes poblados, pero especialmente a ella, se la veía caer frecuentemente en los enormes desfallecimientos que sucedieron a la batalla de Cepeda: nos patriæ fines... et dulcia linquimus arva, o en los soberbios enardecimientos que procedieron a la caída de Alvear. La imaginación de todas, exaltada por el ajetreo febril de la anarquía abría ancha puerta a las visiones. La ilusión, que es el estado sensorial más común de la multitud, deba a las otras muchedumbres de la montonera proporciones y atributos que le facilitaban su obra.

¿No se había llegado hasta descubrir en un periódico de la época, el traje fantástico que traían turbas haraposas o desnudas? ¿No se afirmó por testigos oculares, que después de la derrota del director Rondeau, las bandas del tétrico Pedro Campbell y los ochenta chilenos de Carrera, estaban incen-

180 V. F. López, *Historia de la revolución argentina*, tomo VIII.
181 V. F. López, *Historia de la revolución argentina*, tomo VIII, pág. 100.

diando y saqueando los suburbios de Buenos Aires, cuando no se habían movido del arroyo del Medio? ¿Esa misma multitud de las ciudades no creó con todos sus detalles al negro Tollo, al fraile Caminos, con sus terribles sortilegios, y Juan Cuello, cuyas devastaciones suburbiales solo existieron en su imaginación irritada por la sucesión de tantas imágenes terroríficas? Muchos de los prestigios de antaño, cuya causa no podemos descubrir hoy, y que entonces se atribuían a méritos y aptitudes excepcionales de los caudillos de más franciscana pobreza, son la obra exclusiva de la visión fatigada de las multitudes de nuestras ciudades, enfermas o agitadas, que tenían, como condición psicológica matriz, una imaginación representativa poderosa, activa, pero pueril y susceptible de ser vivamente impresionada. Las imágenes evocadas en su espíritu por un personaje, suscitadas por un hecho, o por accidente, tenían la vivacidad de las cosas reales. En tales condiciones las multitudes urbanas están, —según un psicólogo moderno— en el caso de una persona dormida, cuya razón momentáneamente sorprendida crea en el espíritu imágenes de una intensidad extrema, pero que se disipan pronto, cuando pueden ser sometidas al preciso control de otras facultades reductoras; y cuando no sucede esto, subsisten. No conociendo, ni siendo capaces de reflexión, ni de razonamientos, no sienten lo inverosímil.[182] En la historia, «la apariencia ha desempeñado siempre un papel mucho más importante que la realidad»; la multitud no pudiendo pensar «sino por imágenes, no se deja impresionar sino por ellas, y solo las imágenes las aterrorizan, o las seducen convirtiéndose en los únicos móviles de sus acciones».

Hoy que estamos sustraídos a las influencias de entonces, ya que como críticos no somos multitud, nos chocan y nos parecen incomprensibles los inmensos prestigios de Artigas, de Ibarra, de Ramírez, y de otros caudillos. En la multitud, el terror o sus transformaciones más comunes, la veneración, que es una forma del miedo en ciertos espíritus, y el fanatismo, que es otra, crean de la nada símbolos y grandezas, tomando por base cosas deleznables e insignificantes.

La corbeta Berceau, y válgame este ejemplo tan conocido, que navegaba de conserva con la Belle-Poule en cierta expedición exploradora, había desaparecido durante un temporal. De dónde venía o adónde iba, no lo recuer-

---

182 Le Bon, *Psychologie des foules*, pág. 55.

do bien, ni hace al cuento, pero habiendo conseguido librarse del peligro y llegado a Santa María de Madagascar, los marinos de ésta, registraron inútilmente todos los golfos y accidentes de la costa, buscando en vano a la compañera perdida. Examinando cada día el horizonte, con la esperanza de que, arrastrada fuera de su rumbo por el temporal, volviera al puerto; había transcurrido un mes en la mayor ansiedad, y seguido a la esperanza una dolorosa angustia, —dice el autor que copiamos— cuando cierta mañana el marinero de tope, anunció que divisaba al oeste un barco desarbolado que derivaba hacia tierra. El Sol estaba resplandeciente y el cielo puro y despejado: el aire caldeado vibraba en el horizonte. Todos los anteojos asestados en aquella dirección confirmaron la realidad de esta primera noticia. Pero no era un barco, sino una balsa cargada de hombres y remolcada por embarcaciones, en las cuales ondeaban señales de auxilio; las imágenes aparecían claras y bien definidas, las líneas se destacaban perfectamente distintas. Todo el mundo, víctima de una alucinación febril, pudo, a bordo de la fragata, observar los detalles de aquella indescriptible escena marítima.

El almirante Desfossés, que mandaba entonces la estación naval de la India, mandó salir con toda premura al primer vapor que se encontraba en la rada, en socorro de las reliquias vivientes... Empezaba a declinar el día... la noche se acercaba ya, sin crepúsculo, como sucede en los trópicos, cuando el Arquímedes llegó al punto de su misión... detúvose en medio de los restos flotantes y echó sus botes al agua. Continuaba viendo en torno masas de hombres que se agitaban y elevaban los brazos, percibíase ya el sordo y confuso rumor de un gran número de voces mezcladas con el ruido de los remos en el agua... Pero, ¡oh terrible desilusión! de repente todo desaparece, cuando creían abrazar a sus hermanos, arrancados a una muerte cierta. No había habido tal balsa. Al acercarse todo desapareció como una nube flotante. Los botes penetraron por entre las espesas ramas de grandes árboles desarraigados de la costa vecina, y arrastrados con todo su follaje por las contracorrientes que suben al norte. Así se desvaneció aquella extraña visión, y se disipó la postrera esperanza que un espejismo falaz había evocado del fondo del océano.[183]

---

183 M. Oranda, *Los misterios del mar*, pág. 112.

Pues bien, tanto ese caudillo como la coloreada conseja que circula en la crónica, en la tenaz tradición y que ha gozado de tan enorme prestigio; ese hombre tan grande, ese político diabólico, muchos de aquellos héroes de la leyenda, cuyos hechos no podéis comprobar en ninguna parte, y que sin embargo, tienen raíces tan profundas en la admiración de la multitud, suelen ser en muchos casos la balsa misteriosa que forjara la calurosa fantasía de los tripulantes de la Belle-Poule. Sobre un tronco que navega silencioso en el océano, cubierto de ramajes falaces, la multitud urgida por la necesidad de una tradición, por la angustia, la necedad o la tontería, da vida a hombres, ídolos y creencias, percibe sus movimientos, y hasta oye voces que cantan himnos o que maldicen y blasfeman. Le ha visto venir y ha echado sus botes al agua, ha visto ondear la bandera de socorro y hasta hubiera podido dibujar la proa alterosa del misterioso esquife... Y, sin embargo, ¡nada! La espuma alegre o quejumbrosa, que montada sobre la ola espesa, imprime a los objetos inanimados los movimientos de la vida; la nube andariega de un día de viento que alternativamente toma las formas de gigantes cabalgaduras en precipitada fuga; de ejércitos interminables de aves cuyas especies pertenecen a faunas desconocidas; de grandes mujeres blancas arrodilladas, o de caras de sátiros o de santos inmensos como la extensión de la apurada viajera que la ráfaga nerviosa estira y encoge a modo de un trapo ondulante; formas, en fin, de todos los aspectos imaginables que la visión y el oído alterados por la ilusión apremiante en el umbral del delirio, prestan un soplo de vivísima lumbre. Pura alucinación, pura ilusión; troncos y ramas, humo y viento, y multitud de una prodigiosa imaginación creadora...

Al llegar el año 1820, que fue como se sabe la época realmente crítica de la desorganización nacional, la república estaba dividida en dos campos. De un lado todas las provincias del litoral coaligadas con sus caudillos a la cabeza. Artigas, por aquel entonces ocupado en su irrupción sobre las fronteras del Brasil, obraba de acuerdo con ellas y amenazaba al Congreso exigiendo la caída del Directorio.[184]

Las fuerzas de Santa Fe, Entre Ríos y Corrientes se reconcentraban sobre la frontera de Buenos Aires, próximas a entrar en campaña. Por su parte, el gobierno nacional reunía un ejército compuesto de elementos de la provincia

---

184 Oficio de Artigas al Congreso en 27 de diciembre de 1819, etc.

de Buenos Aires, y, con el director supremo a la cabeza, marchaba a defender la frontera amenazada.[185] El ejército auxiliar, hondamente trabajado, por el estado del país, se hallaba completamente desmoralizado; las provincias del interior, moralmente insurreccionadas y profundamente conmovidas por la revolución de Tucumán de fines del año anterior, esperaban el resultado de la batalla para tomar su actitud y en tal sentido se hacían trabajos preparatorios. Salta, igualmente agitada, dentro de sus propios elementos «cubría sin embargo las fronteras abandonadas del norte y la división del ejército de los Andes acantonada en Cuyo y destinada a perderse en su mayor parte en la anarquía, que todo lo había penetrado ya, se disponía a repasar otra vez la cordillera para emprender la expedición del Bajo Perú dando el último adiós a la patria moribunda entre los brazos de las tiranías locales».

He aquí el cuadro de la república, bien tétrico por cierto, y que una pluma discreta ha trazado con colores nada exagerados.

La época era de perversión epidémica del sentido moral. No parecía extraño que un hijo a quien Ramírez le fusilara el padre, por pueriles sospechas, continuara sirviéndole con entusiasmo al frente de las milicias de Gualeguay.[186] La hoca era un espectáculo relativamente frecuente, y el derecho de represalia, que es una forma legal del asesinato individual o colectivo, se practicaba con horrorosa frecuencia. Diríase que la multitud preparaba sus órganos y adiestraba sus facultades generativas para producir, como final de tan dramática época, la sangrienta tragedia que terminó en Caseros con la comedia de un simulacro de gran batalla.

Cuentan las crónicas contemporáneas que las ciudades, en un constante insomnio, vivían en la no interrumpida alucinación de la panofobia. Pelotones extravagantes de haraposa multitud, en que había indios, irlandeses, españoles, chilenos y hasta mujeres, ebrias por el vértigo, cruzaban como visiones los suburbios melancólicamente envueltos en las brumas de las tardes de otoño frías y calladas. Como podían pasearse por todo el ámbito de la república sin grandes necesidades, porque no había menester ni de administración militar, ni de carros, ni de pesados bagajes, como los ejércitos regulares, sus excursiones tenían un tinte fantástico, porque pasaban

185 Mitre, *Historia de Belgrano*, tomo III, pág. 276.
186 M. Ruiz Moreno, *El general Ramírez*, pág. 76.

como meteoros de un lado a otro, rápidos y ágiles sin que se les conociera fatigas o enfermedades. Eran inmensos los campos desiertos que recorrían esas aves de rapiña emigrantes; no había una sola granja, ni sementera, ni un árbol plantado por el hombre,[187] ni la más rudimentaria aldea en donde aquellos bárbaros pudieran detenerse cuando los perseguían los ejércitos.

Alguna vez se acercaban a tentar fortuna. Rodeaban un campamento, como cuando el inglés Pedro Campbell se atrevió con el general Paz, entonces capitán de dragones; se aproximaban golpeándose la boca hasta un tiro de lazo, y daban vuelta inmediatamente, alejándose con una prudente precipitación. El intrépido irlandés, con mil ochocientos hombres de todas menas y de los más pintorescos aspectos, rodea, un día, el campo de los dragones desplegando un formidable aparato. Pero dos compañías de cazadores le hacen terrible fuego y ellos, alertas y ligeros para esquivar el peligro, dan vuelta a sus caballos y se «dispersan como bandadas de patos de laguna» —según la expresión apropiada del viejo autor de la *Historia de la revolución argentina*. Sesenta soldados al mando de Paz, salen entonces como flechas lanzadas por un brazo vigoroso y los sablean a su gusto en la vasta campiña donde el pequeño grupo de los soldados parecía un punto en el espacio comparado con la multitud que revoloteaba y daba alaridos por el horizonte.[188]

A veces volvían sobre su rastro; advertían que eran superiores en número al grupo diminuto de veteranos, y poniéndose en marcha trataban de alcanzar al escuadrón que, grave y en solemne apostura, retirábase tranquilamente a su campo... Pero, al verlos detenerse y oír en el silencio del desierto la voz vibrante de mando que gritaba ¡alto! sentíanse estremecer, y volvían nuevamente a retirarse, para no insistir, mientras la luz del día iluminara aquellas figuras arrogantes, que no habían conocido el miedo jamás.

Esa era —dice el doctor López— la terrible milicia del salvajismo, que se le atrevía con inusitada audacia a un gobierno que contaba, a lo menos, con siete mil hombres que se habían medido con los ejércitos españoles en Chile y en el Alto Perú, en Maipú, en Tucumán y en Salta. Y hay que decirlo, esos bárbaros que inundaban la república con sus bandas, demostraban un arro-

---

187 V. F. López, *Loc. Cit.*, tomo VII, pág. 500.
188 J. M. Paz, *Memorias póstumas*.

jo sorprendente y morían con la rabia de las fieras.[189] Tenían sus peculiaridades, hasta en el traje y en la táctica, no ya solo en su condición fundamental de multitud. A veces eran curiosamente pintorescos, otras abigarrados y cómicamente estrafalarios. Solían tener el aspecto macizo y alegre de aquellos escuadrones de trombones que ha pintado Alberto Durero en el famoso Triunfo de Maximiliano; otras recordaban los personajes exóticos que en sus inmortales grabados ha vaciado Pierre Bruegel, y que en asambleas extravagantes y numerosas asisten en macabras mezcolanzas a la extracción de «les pierres de tête», especie de sabbat quirúrgico en que el genio extravagante de la escuela flamenca agotara toda su fecundidad pintando tipos que Jerôme de Bosch, mejor que nadie, reprodujo con inimitable lápiz.

De repente el feroz alarido de mil bocas resonaba a las partes de una ciudad, conmoviendo a los acongojados habitantes, que parecían haberse apenas repuesto de otros sacudimientos análogos: era una indiada o a veces «el regimiento de Pedro Campbell recién reorganizado y compuesto de indios tapes, armados de sable, fusil y puñal, que combatían a pie y a caballo y cuya táctica llegó a considerarse incontrastable». Andaban de un lado a otro en repetidas y rápidas peregrinaciones, ya por Buenos Aires, por Santa Fe o por Corrientes; en ocasiones embarcados en las improvisadas escuadrillas que organizaba el genio aventurero y turbulento de su jefe; a veces por tierra, infantes o caballeros en caballos semisalvajes como ellos; en pelotones o aislados, federales o unitarios, con el gobierno nacional o con Artigas, no importaba, lo que querían era pelear y robar, sin sujeción y sin importarles un ardite cuál era la forma de gobierno que se estableciera o la provincia que se sobreponía. Y su espíritu de combatividad los llevaba a agredirse ellos mismos, revelando que no había más vínculos de solidaridad que las pasiones brutales y las necesidades nutritivas de una organización puramente pletógena.

Cuando veo a todas esas turbas desfilar rápidamente por el campo de la visión mental, evocadas por las descripciones vivaces que nos han dejado escritores artistas, se me representan, más que las luchas sangrientas de otras épocas de la historia, los combates que entre los cuadrúpedos y las aves en las épocas del celo nos han descrito Darwin, Romanes y ese intere-

189 V. F. López, *Loc. Cit.*, tomo VII, pág. 506.

145

sante de Leroy, el cantor optimista de las aptitudes animales. A veces, la estructura individual de alguno de sus caudillos me retrotrae involuntariamente al curioso hombre de Neanderthal o de la Naulette, solitario y desnudo en la atmósfera espesa, sobre el suelo pantanoso, su sílex en la mano grosera y suculenta, buscando con ojos ávidos y extraviados por el hambre alguna planta comestible o la pista de las hembras tan salvajes como él. En las horas tranquilas de un mediodía de primavera ¿no habéis observado a las aves de combate, vestirse con sus plumas más vistosas y chillonas, aprestándose a la batalla que debe darles la posesión que ansía su exaltado erotismo periódico? Los pájaros que habitan los trópicos, y que por eso tienen necesidad de señales especiales, y que para ser reconocidos en la espesura del bosque deben permanecer siempre visibles, ofrecen con ese objeto sobre el cuerpo manchas brillantes, azules, rojas y amarillas, que no perjudican el carácter generalmente protector de su plumaje.

En los insectos, el principio de coloración, destinada a facilitar el reconocimiento y a aterrorizar al enemigo, ha debido contribuir para producir la sorprendente diversidad de colores y manchas que notamos en ellos y que facilitan su propósito. Multitud de animales, como los insectos, toman formas, actitudes y movimientos especiales, adoptan sonidos estridentes y olores particulares, para intimidar al enemigo o reconocerse,[190] para distinguirse las especies aliadas, las unas de las otras.

Las vagabundas multitudes, eran como aquéllas, hijas de la naturaleza agreste y ruda, que las había —diré así— amamantado, por lo que se complacían en imitarla y en descender hasta ella, con cierto placentero amor filial. Sus recursos asemejábanse a los de las aves de rapiña, a la de los insectos que acabamos de recordar, al resto de la animalidad inculta en cuya comunidad vivían retozando. Adoptaban sus colores más vivos para reconocerse en el entrevero y en la noche; tomaban sus gritos y sus interjecciones guturales para intimidar, y a veces, hasta semejaban determinados animales cuyos hábitos y particularidad conocían como el más consumado zoólogo.[191]

A fuerza de emplearlos y de vivir alejados de los centros poblados, entre las indiadas y los animales, concluyeron por barbarizarse más, de manera

---

190 Wallace, «Couleurs des animaux et des plantes», *Macmillan's Magazine*.
191 Lassaga, *Loc. Cit.*, pág. 102.

que diez años después de haber partido de sus reservorios naturales, en el litoral de todo el Plata, eran tan cerriles como antes o más, si cabe. El año 20 parece marcar el acmé de ascensión en la columna de esa barbarie; la exuberancia de la multitud ha tocado el punto de su mayor plenitud, y produce la tiranía de Rosas, que es la más genuina expresión de esa *sur abondance d'énergie*, a que atribuye Darwin aquellos movimientos extravagantes, aquellos volidos rápidos y enérgicos, aquel despertar de sus instintos bravíos, que en virtud de una viva impulsión interna y de la enorme vitalidad a que ha llegado, se entrega la naturaleza animada, en la época en que va a reproducirse.

Las montoneras de Santa Fe, dícenos el historiador del general López, daban alaridos atroces durante la pelea, o cuando se aproximaban al poblado; y a algunas compañías de sus improvisados regimientos, llamábanles sus mismos compañeros, los Siriries, porque gritaban imitando a la perfección el gemido de esas aves que abundan en la localidad;[192] otros remedaban el grito de desconocidos animales, y muchos lanzaban sonidos extraños, sirviéndose de su propia garganta, o de extravagantes instrumentos de su invención.

Cuando don Estanislao López resolvió marchar contra Bustos, tratando de inutilizar planes estratégicos equívocos del general Balcarce (1818), llevaba una columna de aspecto originalísimo y pintoresco. Su escolta, particularmente, compuesta de dragones armados de fusil y sable, usaba por casco la parte superior de la cabeza de un burro, con las orejas paradas por crestón. Los escuadrones de gauchos que le acompañaban, vestidos de chiripá colorado y calzados con bota de potro, iban provistos de lanzas, carabinas, fusil o sable, indistintamente, con boleadoras a la cintura, y enarbolaban en el sombrero de panza de burro que usaban, una pluma de avestruz, distintivo que desde entonces principió a ser propio de los montoneros.[193] Pero lo que le daba un carácter todavía más peculiar y exótico, era que los indios infaltables en esos coros multiformes de la anarquía, llevaban cuernos y bocinas con los que producían una música, si es permitido llamarla así, atronadora y macabra, de un ritmo monótono y bestial, pero de un efecto

---

192 Ramón P. Lassaga, *Historia de López*, 1881.
193 Mitre, *Historia de Belgrano*, tomo III, pág. 170.

maravilloso para las poblaciones, que los veían alejarse rápidamente, envueltos en la polvareda que levantaban los cascos de sus caballos. Además estaban armados de largos chuzos emplumados, «cubiertos en gran parte con pieles de tigres del Chaco y seguidos por la chusma de su tribu, cuya función militar era el merodeo».

Todas ellas se acercaron a las ciudades, en un estado de ignorancia y de oscura barbarie, si no rayana a la del hotentote, muy cerca de la del indio cerril, cuya sangre y cuya índole habían tomado, en el contacto de su cohabitación diaria, un predominio nada despreciable. No se juzgue exagerado mi aserto, porque en su mayoría, punto más, punto menos, y por lo que se refiere a instituciones políticas no estaban lejos de aquel australiano, a quien Dumont d'Urville, produjo profundo asombro, mostrándole el agua en ebullición. La cultura elemental de la civilización no los había alejado suficientemente todavía de los hábitos y costumbres de ese hombre primitivo, cuyo continuo codearse con sus vecinos de jerarquía zoológica, les daba aspectos tan selváticos. Así, pues, no era extraño que en sus borrados perfiles morales encontráramos las supervivencias, si no orgánicas y morfológicas, por lo menos sociales, que han dado tema fecundo a Massart y Vandervelde para ofrecernos un vivaz libro de antropología social.

La naturaleza reclama al hombre y lo restituye a su seno, por este vivir fraternal con sus inferiores zoológicos, de cuyos desenvueltos instintos, toma su estrategia contra la civilización hostil, y cuyo sentimiento de libertad sin control, se asimila pronto por una tendencia animal, que domina en su ser. Tendencia que la cultura solo amortigua, o según otros mata, a estar a la continuidad de su ausencia en la sucesión de las generaciones. Luego viene cierta transmisión mutua e insensible de los hábitos y de las inclinaciones: el hombre conquista al animal para ciertas costumbres de sociabilidad humana, pero, en cambio, el animal se apodera del hombre con la ayuda del medio y los halagos de su libertad brutal, de su espontaneidad, así como del tranquilo goce de todos los derechos naturales, sin ninguna de las limitaciones que imponen las convenciones humanas. Hay una recíproca influencia en que el hombre pierde camino en su natural ascensión, detenido por tan extraña confraternidad, y el animal gana los beneficios de la relativa domesticidad y de las asociaciones a que se somete por propia conveniencia.

En esa mancomunidad de vida constante de especies distintas, el noble descendiente de los vertebrados acranianos –como le llamaría Hœckel al hombre– falto de las múltiples aptitudes que le daría la civilización, se completa por el animal, que concluye por hacerse necesario, no como instrumento, sino como socio en las necesidades múltiples de la vida. Al principio éste es compañero, complemento suyo, rodaje importante en el mecanismo de la sociedad sui géneris en que vive; pero luego sucede lo que en las bestias y la gente en toda asociación entre capacidades desiguales, el más fuerte concluye por oprimir al más débil.[194]

Como observa un animalier filósofo, parecería que cuadrúpedo y bípedo, hubieran vivido desde el primer encuentro en las relaciones íntimas en que los vemos entonces. En la naturaleza argentina, ambos, animal y bárbaro, fueron factores frecuentes de esas asociaciones que incitaban la curiosidad de Geoffroy Saint-Hilaire y por consiguiente notas genuinas del estado larval de aquella sociedad y especialmente de la multitud, que no pudo ser vencida por la todavía débil y seguramente anémica, cultura argentina. Asociaciones, diré para dar mayor claridad a mi pensamiento, como las de ciertas plantas tropicales de América, expuestas a los asaltos y voracidades de las hormigas, a algunas de cuyas variedades se alían, alojándolas y manteniéndolas, sea en el tronco o en las hojas, el limbo bipinado de cuyas foliolas proximales terminan por una pequeña ampolla, colmada de materias nutritivas. Es curiosa esa alianza: las estípulas han perdido completamente la función clorofílica, transformándose en espinas huecas, y sirven para alojar a las hormigas, que toman su alimentación, no solo en las porciones terminales de los foliolos, sino también en una glándula de néctar situada sobre los pecíolos:[195] la naturaleza es siempre amable y contemporizadora a pesar de esa ley feroz de la lucha por la vida.

Hay que fijarse en la peculiaridad de semejantes alianzas de los montoneros, porque ilustran el carácter animal de su estructura psicológica. Individuos de especies diferentes, pueden tener intereses comunes, dándose ambos cuenta y obrando en consecuencia; entendiéndose y ligándose por el vínculo de una verdadera amistad que traiga un mutuo cambio de ser-

194 Meunier, *Les singes domestiques.*
195 Demoor, Massart y Vandervelde, *L'Evolution regressive*, pág. 22.

vicios.[196] En la lucha por el alimento, el montonero que tiene la enseñanza de la necesidad, se ayuda del perro para cazar la yegua matrera y el novillo montaraz, y una vez conseguida, el can razonable espera tranquilamente su parte abundante con la que el hombre consolida su alianza. Luego, sus servicios se extienden a una vigilancia escrupulosa, en las avanzadas, durante el sueño; a un verdadero reconocimiento del espía enemigo, que cree poderse introducir furtivamente y que es sorprendido por el alerta insistente y ruidoso del fiel amigo. El caballo, las aves, y toda la retozona grey de los campos, que no han sentido jamás el magnetismo de la domesticidad, toman parte activa en las vicisitudes de ese hombre de la naturaleza que saca fuerzas de la misma flaqueza y de su impotencia contra la civilización vacilante. Curioso y sugestivo es ver el espontáneo concurso que la vida en común y que la participación en las mismas vicisitudes les impone. El caballo que relincha o que ronca asustado, que toma especiales actitudes, o que dirige las orejas de cierto modo, de ellos solo conocido, el *tero* que pone el grito en el cielo a la aproximación de cualquier forma humana, guardando silencio cuando es planta amiga; las bandas alegres y decidoras de cururúes que dirigen a la gente sabidora a las regiones de las abundantes aguadas, dan a esas asociaciones del hombre de nuestras campiñas notas y armonías de un sabor primitivo, que el dulce y claro genio de Bernardino de Saint-Pierre hubiera traducido en páginas de inmensa ternura.

En la vida agreste de la montonera argentina, la naturaleza préstale un concurso trascendental. Como era su hija predilecta, la hacía depositaria de mil secretos que ignoraba el habitante civilizado, asociándola en la existencia libre de los campos a todas las especies e incorporándola de una manera peculiar al concierto universal y sonoro de la vida primitiva. No todo es lucha acerba por la existencia; hay una divina armonía en sus cosas, y es grato al espíritu sentir cómo en esas asociaciones providenciales se acercan en fraternal abrazo los unos a los otros para ayudarse a vivir, como si el continuo tráfago del *struggle for life*, tan zarandeado por la filosofía tétrica del pesimismo, impusiera una tregua indispensable.

Lo que por otra parte del hombre era antes generosidad, se ha convertido en salario; en la seguridad de recibir compensación, el caballo, el perro, la

---

196 Meunier, *L'Avenir des espèces*, pág. 58.

misma fiera se convierten, día por día, en colaboradores activos e íntimos, el acuerdo entre ellos se hace: *coûtume vaut contrat*, y cuando los dos *veneurs* se encuentran sobre una pista, el trabajo y el provecho se distribuyen con una equidad superhumana.[197] Si mi memoria no me es infiel, creo que es Moreau Saint-Mery, en sus notas de la traducción de la *Histoire Naturelle des quadrupèdes du Paraguay* de Azara, quien cuenta, con ricos colores, las alianzas y asociaciones de los monos y de los demás animales, al mencionar la patética historia del inquieto Joaquín. Recuerdo que al recorrerlas, mi espíritu gratamente impresionado por tanta revelación inesperada, se detuvo en la historia del halcón y los indígenas de las altas mesetas de Santa Fe de Bogotá, cuya fraternal alianza es un vivo ejemplo de esa hermandad provechosa.

Los pantanos y lagos que rodean el villorrio de Suacha se encuentran durante una gran parte del año cubiertos de patos, constantemente vigilados por numerosos halcones, que sirviéndose como de pedestales de las rocas escarpadas, permanecen allí, uno en cada pico, inmóviles y en actitudes esculturales, esperando el momento oportuno de lanzarse sobre ellos. Como el halcón tiene un vuelo impetuosísimo y se expondría al arrojarse sobre la presa a romperse el pico contra el suelo o a ahogarse bajo el agua, los patos vuelan impunemente por allí, sin temor del formidable peligro. Pero apenas el halcón ha visto a la tropa de indios dirigirse hacia la laguna en que alegremente revolotean los confiados palmípedos, alza su vuelo tendiendo majestuosamente el ala serena, para tomar sus posiciones estratégicas, «la bandada vuela al oír el ruido y la algazara humana, y entonces el halcón se lanza sobre los fugitivos pasa y repasa al través de su masa, *pareil à un éclair* en zig-zag, fulminándolos a cada cambio de dirección y no cesa hasta que ya no encuentra a quien matar. Luego retírase y se posa tranquilamente a esperar su parte». El indio recoge el botín, y en presencia de su prudente socio le separa el tanto por ciento que en buena ley le pertenece. De la misma manera se asocian al hombre otros animales para defenderse del común enemigo o para las necesidades múltiples de la vida: la golondrina acuática y los pescadores lapones, el cuclillo avisador, el perezoso y el indio contra el

---

197 Meunier, *L'Avenir des espèces*, pág. 74.

151

terrible triquiocéfalo, que, solamente en la Martinica, mata un centenar de hombres al año.

Así vivió y se desenvolvió, en medio de la naturaleza salvaje y primitiva, el hombre de la multitud argentina de esta edad de conmociones profundas y de cambios trascendentales. Por eso, todos ellos amaban la libertad, como la aman los animales, sus convivientes y asociados. La naturaleza virgen, desarrollando sus músculos y su sistema circulatorio en proporciones que dejaban en reposo evolutivo el cerebro, les había sugerido la idea de su derecho y de la libertad, en una forma en que la fuerza física daba la medida de su amplitud correlativa y una noción de aquéllos, proporcional a la magnitud de su brutal empuje muscular. Es así como se desenvuelven en su espíritu las primeras nociones del derecho, que se irán modificando por natural evolución, hasta completarse con el concepto final de que si bien las ideas de la propia fuerza física constituyen los gérmenes de aquél, «las relaciones sociales obligan a recíprocas concesiones, a contratos y convenios que acaban por transformar la conciencia de la fuerza en la conciencia del derecho». Pero el hombre de la multitud montaraz no concebía el contrato, porque su concepto de la libertad y del derecho era puramente animal y trunco, sin que el sentimiento equívoco que nace, diré así, de los músculos en sus relaciones oscuras con la voluntad, se hubiera intelectualizado, siquiera ligeramente. Era libre y quería los derechos del caballo bagual y del toro, tirano sensual de la campiña abandonada, y en ese tren de impulsibilidad, con ese volido violento del halcón y el alma despreocupada, pero bravía, del cuaternario selvático, la multitud campestre se desparramó por toda la república para engendrar las tiranías vigorosas, —casi estoy tentado de llamarlas musculares y sanguíneas— que oprimieron al país durante veinticinco años.

El hombre, excusado parece decirlo, reproduce en sus aspiraciones y en sus impulsos el medio en que se ha desenvuelto con arreglo al grado de desarrollo y perfección de su sensibilidad afectiva e intelectual. El coeficiente emocional, como lo llama Ribot, es, según él, la resultante de esa manera especial de transformar en el espíritu las distintas sensaciones del ambiente. Esta atmósfera moral, que desempeña tan gran papel en la educación y en la vida social, es una consecuencia de los sentimientos evocados: expresa el predominio de algunos de ellos, constantemente repetido en la experiencia, y la eliminación de otros. Así es que todas las ideas de federación, gobierno unitario, etc., etc., que les atribuye la leyenda tan complaciente, eran exóticas en su mentalidad, por razones claras de fisiología cerebral. Podría decirse, tal vez, que esas multitudes eran una faz regresiva de nuestra civilización, pero al fin y al cabo, cuando la organización entera sigue el curso de una evolución regresiva y tiende a desaparecer, es, a menudo, en provecho de un conjunto más vasto, es una verdadera refundición de la que resulta un organismo más amplio y progresivo.[198] Augusto Comte ha demostrado en páginas admirables, el papel progresivo de la muerte, que renueva los tejidos del organismo social e introduce elementos dotados de una plasticidad étnica grande, de lo que podría deducirse que los fenómenos de apariencia más destructiva y más oscura encierran un principio de vida y de luz.

¿Por qué triunfa Rosas sobre los demás caudillos, siendo que así bajo muchos conceptos les era inferior? Paréceme que tenía sobre ellos esta superioridad evidente: era al mismo tiempo de origen urbano y de hábitos e instintos campesinos y bárbaros; estaba vinculado a la ciudad por su familia y por los primeros años de su vida, y se había desarrollado entre las turbas, asimilándose, en virtud de una aptitud peculiar de su estructura mental anómala, los jugos de savia montaraz con sus impulsos y exuberancias. Era, pues, un resumen o un *substratum* de la truhanería y maliciosas, aunque bajas, aptitudes morales e instintivas de la plebe de la ciudad con sus cobardías y sus recursos, al mismo tiempo que el genuino producto de la multitud de los campos. Ésa fue su superioridad, constituyendo el hombre por excelencia de las multitudes de su época.

Por otra parte, sus calidades físicas fueron para ellas la encarnación material de la fuerza y del poder como lo entienden las muchedumbres. Los hombres altos y esbeltos como Rosas, producen en la imaginación popular una idea más completa de la magnitud y de la grandeza. En este caso la percepción de formas, como la suya, más que emociones estéticas, les sugiere la idea de lo grandioso, del vigor, de lo sublime. Nada daba una idea más genuina de la vertical, que tiene algo de duro y enérgico, que aquel cuerpo soberbio de don Juan Manuel. Y la vertical, observa M. Guyau, es la posición habitual de todo lo que vive y lucha y exige de sus miembros un mayor des-

---

198 Ribot, *L'abstraction des émotions*.

pliegue de fuerza. Al contrario, los hombres bajos y con físico débil producen en la multitud una impresión de horizontalidad y de inercia, de hombre dormido o muerto, de los troncos de árboles arrancados, de las columnas invertidas, de la llanura, del agua tranquila; en una palabra, le despiertan la sensación de mansedumbre o de humildad que no se aviene con sus necesidades sensitivas. Los hombres muy altos dan la sensación de la montaña, del pico elevado, y, por consecuencia, la impresión de caída, de abismo, de vértigo.[199] He ahí explicada la influencia física sugestiva del cuerpo hermoso de Rosas en la mente de la turba.

Y debió ser de un efecto realmente teatral en su imaginación llena de calor, la apostura estatuaria del gran histrión, caballero en sus magníficos corceles de sangre indígena y elegidos con hermenéutica impresionista; la cara ligeramente tostada, puesto que según una llamaremos paradoja dermatológica, las pieles albas se queman difícilmente; los ojos claros, bellísimos, pero de una mirada penetrante e inquisidora, resaltando vivamente bajo la sombra suave de unas arcadas superciliares prominentes, como las del Apolo del Belvedere. Rosas responde a los ¡vivas! del populacho sacándose el sombrero apuntado con movimientos de una circunspección teatral, dejando el mayor tiempo posible su cabeza, de buena configuración romana, descubierta, como para dar lugar a que la muchedumbre y las mujeres le tributen toda la admiración que él creía merecer, porque era vano y muy pagado de sus exterioridades de macho. Montaba a caballo como ninguno de los jinetes conocidos de la época, y como su cuerpo, de una curvatura toráxica irreprochable, no había perdido todavía sus formas en la opacidad de la vida vegetativa, que más tarde lo puso obeso, se destacaba como una aparición sobre el lomo flexible del caballo.

Ese predilecto de la muchedumbre, la había conquistado por los halagos físicos de la carne, sahumada por la vaga voluptuosidad de ciertos fluidos misteriosos que le atribuía la complacencia popular. Físicamente era, como ya va notado, un ideal para ella, habituada a los haraposos del litoral y de arriba. Porque Quiroga, con todo el prestigio de su valor y de su brutalidad prehistórica, era grueso, con poca estatura y peludo en proporciones casi simiescas; el fraile Aldao, si bien valiente como la espada, vivía en la

---

199 Véase M. Guyau, *Problèmes de l'esthétique contemporaine*.

borrachera homérica que todos conocen, con la cara innoble que imprime en todos los amilistas la constante congestión y el ingurgitamiento de las pequeñas y abundantes venas de la piel. Y además ¡fraile! y fraile apóstata, lo que da cierto carácter ridículo, o cuando menos, poco prestigioso para la multitud. El pantalón en las piernas de un clérigo es como la pollera sobre la cintura de un hombre: todo lo que hay de desgraciado o de deforme en la conformación, resalta más hiriente, como que el contraste rompe la discreción que da la costumbre.

Otros eran negros, gordinflones, y algunos descuidados en una amplitud desagradable; sus hogares tenían hediondeces de matadero y no poseían ni siquiera el prestigio de la ropa limpia que constituía para don Juan Manuel una especie de obsesión, tal era su meticulosidad por la higiene.

Ramírez parecía el único que, hasta cierto punto, podía competir con él; pero ni tenía sus aptitudes particulares, ni su cuerpo, ni sus ojos, ni el rostro, ni la estatura realzada por aquella habilidosa distribución de gestos, de actitudes y de la draperie alternativa de campesino patán o de generalísimo y conquistador del desierto con que presentaba a la multitud su cuerpo de tan vastas y bellas proporciones. Por otra parte, Ramírez era, si no un huaso, cuando menos un aguarangado de bombacha, pañuelo de seda sobre los hombros y otras humedades de la sastrería antigüista. Los otros caudillos usaban trapos de su invención, que los confundían con la democrática turba de los subordinados y que no se creían nunca inferiores, mientras que Rosas estableció siempre con hábiles maniobras, una diferencia sensible entre él y sus subalternos, diferencia que, por otra parte, estaba asegurada por la simple superioridad física del famoso tirano. Diríase tal vez que doy demasiada influencia al físico y a las cosas de pura impresión sensorial, como elemento de sugestión, pero la verdad es que en la psicología colectiva ese factor es indudablemente de trascendental importancia. Las palabras cabalísticas o misteriosas, las frases ruidosas, los colores vivos y los sonidos de armonía imitativa, en una palabra, todo lo que sea materialización grandiosa de una idea, un sentimiento o un instinto, es de una viabilidad sorprendente en la imaginación artera de las muchedumbres meridionales.

Cuando la multitud de tan oscuros tiempos, habituada al guarango de tierra adentro, comenzó a ver o a conocer, por las megalomanías de la fama voladora, a aquel hombre tan bello, tan blanco y que compartía con el gaucho las habilidades de la agreste villanería, una impresión supersticiosa, difundiose en su seno y el sufragio de todos fue para él definitivamente.

Voluptuosos transportes de orgía precedieron a semejantes nupcias, en que la sangre de un sadismo feroz parecía mezclarse a la alegre zarabanda macabra de una borrachera de sátiros encelados por el olor de la hembra inabordable. Aquella prostituta había encontrado por fin el bello *souteneur*, que iba a robarle el fruto de su trabajo, sangrar sus carnes entre las *protestas* de extraño amor y las exigencias de sus adhesiones incondicionales. Durante veinticinco años, va a entregarle toda la savia de su vida, entre los gritos y las risotadas de los anfitriones de la tiranía, que también buscaban las sonrisas de la víctima caprichosa; y cuando algún piadoso vecino corra a librarla de su hermoso victimario, ella, soberbiamente airada y en los impulsos de una violenta irritación, se levantará brutalmente altiva, y por qué no decirlo, tal vez heroica, reclamando el derecho y el placer de dejarse azotar el rostro por la mano pesada de su dueño implacable.

Las matanzas de la tiranía proceden del placer real que experimentan las multitudes al ver el sufrimiento, y que resulta de las disposiciones crueles engendradas en ella por la lucha y por la raza. El constante estado de guerra y el vigor de su temperamento engendran el placer de las cosas dramáticas, el gusto por los espectáculos sangrientos o las escenas atroces. Las razas de carácter agresivo, formadas en el azar de una lucha brutal, pero fisiológicamente reconstituyente, gustan de la emoción violenta. Según dice Herckenvath, el teatro en Inglaterra, en que la lucha por la vida es más áspera y más implacable que en Francia, encierra escenas más violentas y de una crudeza que no soportaría el pueblo de París.

Las multitudes de la tiranía, formadas así, aspiraban lógicamente a lo trágico. Y como detrás de aquel dorso viril, y en la luz tranquila de aquellos ojos cálidos, pero discretos y cautelosos, había para ellas la promesa de la sangre y del dolor ofrecidos sin trabajo, habían cristalizado en él la aspiración de su alma de bruto. Eran belicosas y crueles por lo mismo que eran mestizas, heterogéneas y de corte animal. Habían primero sido crueles con el indio y el bruto, que domaban a golpes, y luego con la ciudad, que trataban como al potro, a rebencazos y a puñaladas. Su opresión y el dominio eran, pues, un hábito; el placer del espectáculo sangriento una simple necesidad de sus sentidos. Acostumbradas a sentir el trueno del relincho, la amplitud de la llanura sin fin, el color rojizo de sus puestas de Sol, que inundan de sangre el horizonte o la vivísima oxigenación del ambiente virgen que entra en brutales ondas de aire hasta las últimas vesículas de aquellos pulmones de bronce, no se avenían sino con un Rosas, más brutal que ellos, porque era injerto de bruto en cepa de loco: el ideal dramático y físicamente emocionante a que tenían que aspirar.

Entonces principia la terrible lucha, parecida más a un sabbat de fantasmas que a una batalla humana. Ebrios de pólvora, de sangre y de ruido, no piensan en ese instante sino en matar y morir. La pelea se hace salvaje y desesperada; la resistencia tan larga y tan valerosa, como el ataque, que revestía las proporciones homéricas de una rabia animal. Las figuras de Acha, Lavalle, de los mayos y de los heroicos románticos de la revolución del sur del año 1839, eran de una belleza de escultura antigua. La cabeza del inolvidable don Juan Lavalle, el bello Graco adolescente, surgía por encima de la multitud, envuelta en el humo, con esa familiaridad soberbia que el pincel de Velázquez atribuía a los gentiles hombres de su tiempo. El rostro animado por el calor febril de la batalla, parecía no haber perdido aquellos atrevidos golpes con que, según Gautier, el maestro grababa en la fisonomía de sus héroes la tranquila alegría del triunfo, el reposado orgullo de la raza familiarizada con las peripecias de la gran batalla.

La campaña de los ejércitos libertadores es uno de los episodios más bellos de la gran guerra: es un drama de la escuela impresionista, un cuadro con los colores excesivos de Fortuny y las extravagancias vesánicas de las aguas fuertes de Goya. Tiene de todo: la barbarie pujante y siniestra de los personajes de la Orestiada, la sencillez maravillosa de Los persas, con sus efectos irresistibles, la originalidad, el sabor y la tonalidad vigorosa de las cosas indígenas, con su arritmia de actitudes y su calor de ejecución. Y no me digáis que la escena es asaz modesta y los personajes oscuros para dar tanta sensación, porque todo el teatro del viejo Esquilo, que ha enseñado al mundo lo que es la belleza trágica, no recurre jamás a otro procedimiento que al que le brinda la sublime sencillez de sus cuadros iluminados por el genio. A pesar de todo, la barbarie de esa multitud tiene el simpático sabor de todo lo que es grande y original. ¡No sé qué extraño efecto me producen aquellos terribles tercios de Rosas, que tan profundas impresiones hicieron experimentar a Sarmiento cuando los vio después de Caseros! ¡Qué secretos los que encierra el alma de estas multitudes! Generosas pocas veces, inconscientemente abnegadas muchas, bárbaras e impulsivas siempre, van a donde las llevan, como la fiera domesticada detrás del domador. Esos soldados —dice Sarmiento en uno de sus párrafos lapidarios— carecieron diez años del abrigo de un techo y nunca murmuraron; la pasión del amor, poderosa e indomable en el hombre como en el bruto, pues que ella perpetúa la sociedad, estuvo comprimida diez años, y nunca murmuraron; la pasión de adquirir, como la de elevarse, no fue satisfecha entre los soldados, las afecciones de familia fueron por la ausencia extinguidas, los goces de las ciudades casi olvidados, todos los instintos humanos atormentados, y nunca murmuraron.[200]

Matar y morir, «he aquí la única facultad despierta en esa inmensa familia de bayonetas y de regimientos, y sus miembros, separados por causas que ignoraban, del hombre que los tenía condenados a este oficio mortífero y a esa abnegación sin premio, sin elevación, sin término, tenían por él, por Rosas, una afección profunda, una veneración que disimulaban apenas».

No había hospitales, ni siquiera una venda o un grotesco pedazo de yesca para restañar la sangre que corrió a raudales. Poquísimos son los soldados que han salvado. Con la pierna o el brazo fracturado por las balas, iba al sepulcro el cuerpo, atacado por la gangrena o la inflamación.[201] Los que quedaban habían conquistado bien el derecho a la vida, y sus restos, numerosísimos y vigorosos, por cierto, iban a darnos, conjuntamente con muchos otros elementos, parte de la fuerza de resistencia y el fluido físico refrescante para las renovaciones futuras de las otras multitudes del porvenir.

---

200 Sarmiento, *Obras*, tomo XIV, pág. 119.
201 Sarmiento, *Obras*, tomo XIV, pág. 120.

Capítulo VII. La multitud de los tiempos modernos

Las tres multitudes descritas marcan las distintas fases del desenvolvimiento de la raza argentina en cada uno de los períodos que representan. La multitud de la Colonia y Virreinato se organiza en las ciudades, y es, al principio, genuinamente española. Conserva sus caracteres hasta que por lenta y necesaria evolución se forma la que va a actuar en la emancipación, en cuyo seno, como se sabe, se resisten a entrar las clases superiores, que son al principio completamente anti-pletógenas.

La de las tiranías o, por otro nombre, del año 20, sale de los litorales del Río de la Plata, y es india, heterogénea como ninguna y completamente inculta, es casi autóctona mestiza-española en parte, y constituida por el hombre de la naturaleza que se ha formado en la soledad y el aislamiento de los desiertos inmensos y en los montes sin fin de las costas dilatadas, que les permiten reproducirse por la fecundidad extraordinaria que es la ley de su fisiología. Ésta desencadénase, luego, sobre las ciudades como rueda el Paraná, que le dio la vida de sus aguas, el calor de su atmósfera fecunda, y que después de haber recorrido inmensas soledades y atravesando selvas impenetrables, abandona bruscamente la región montañosa y cambiando de nivel, con estrépito, entra vibrante, saltando por cataratas inmensas para inundar como un torrente la llanura que alegre sonríe al recibirlo en su seno.

Dentro de la evolución restringida de semejante organismo tan transitorio, Facundo representa un primer grado de rusticidad, porque es genuina expresión de la barbarie sanguínea e impulsiva de la multitud de los campos; Artigas más malo que bárbaro, y con fuerte aspecto tenebroso, más que un primitivo, es un delincuente común; Ramírez marca cierto grado de urbanización (no diré de civilización todavía) algo más acentuado, pero no es aún el pletógeno bicéfalo que acumula las simpatías de las chusmas de la campiña y de las ciudades: le falta el pulmón apropiado para respirar alternativamente la atmósfera moral de ambas; todavía se asfixia en el poblado. Rosas es casi un vertebrado, en el sentido de una final perfección en ese transformismo mental lleno de sorpresas; era, como dije antes, una expresión de las dos multitudes: de la multitud decrépita de la ciudad fatigada, y de la barbarie rural, exuberante de sangre oxigenada, de músculos espesos de troglodita, de nervios vírgenes y excitables.

Curiosa, por muchos conceptos, era tan híbrida sociedad, que llevaba la galera y vestía la casaca de la sastrería ciudadana, al mismo tiempo que la bota de potro y el chiripá. Una sirena simbólica: mitad gente, mitad animal, como informan los cuentos mitológicos que circulan alrededor del fogón. El uso de la galera, como pintorescamente llamaban ellos al sombrero alto o de pelo, era un tributo que el gaucho caudillo urbanizado pagaba a la ciudad, o si se quiere, el signo de un principio de conquista operado por ésta.

Ramírez se retiró de Buenos Aires el año 1820, usándola y a doble barbijo.[202]

Urquiza la cargó también, en no menos extravagantes combinaciones, y no está lejos la época en que veíamos cruzar las calles de Buenos Aires al simpático general Hornos, caballero en un bayo de cabos negros, coscojeador y alertero, vestido con su abundante chaqueta, el poncho pampeano de alegres colores y la gran galera echada sobre sus ojos vivarachos y pendencieros. Ese atributo exótico en la toilette campesina, parecía otras veces la corona sui géneris de esos reyezuelos del litoral, cuando se ponían en contacto con el pueblito o la ciudad: era sin duda alguna un emblema, al mismo tiempo que un signo de autoridad. Todos ellos la usaron con marcada predilección, como si algún sueño travieso de grandeza real les hubiera cruzado por la mente, dictándoles inclinación tan risible por la simbólica caricatura del supremo poder personal. Y por vía de ilustración final, válgame el recuerdo de aquel viejo mariscal López (padre) que daba audiencia detrás de una mesa, agobiado por una enorme galera, caprichosamente modificada por la indumentaria de la sastrería guaranítica.

Creo que en la Vida de Alejandro, Plutarco dice que los detalles menudos sirven para dar a conocer de qué manera se han formado y transformado los gobiernos, las leyes, las costumbres y el carácter de un pueblo. Por eso —recordando el precepto del maestro— cité los anteriores, aunque parezcan pueriles.

Así y todo, esas multitudes rurales del litoral, aparecen en nuestra historia como autoras de las grandes audacias políticas. La sublevación de Túpac-Amaru, que no es del litoral, pero que fue rural, es el primer ejemplo con que tropieza mi pluma; y los otros, la revolución memorable de las comarcas del

---

202 Véase López, *Historia de la revolución argentina*.

sur de la provincia de Buenos Aires del año 1839, que se le van a las barbas a Rosas, como hubo de írsele otro campesino que pagó con la cabeza sus veleidades libertadoras: el coronel Zelarrayán. Y por fin, entre muchos otros que escapan a mi recuerdo, la sublevación de los campesinos de Entre Ríos y Corrientes, que conquistaron la victoria de Caseros. Es que casi siempre fueron la explosión de la vida en lo que tiene de más vigoroso y primitivo; parecían representar el estallido de la reacción muscular y del predominio del aparato circulatorio, con arterias como caños de bronce, en que circulaba la sangre con los ruidos y fluidos vitales que arrastra ese Paraná del torso colosal que acabamos de mencionar. Esos bárbaros debían tener patas colosales como los megaterios, y la mano como la garra del troglodita; traían en la voz el relincho del bagual, en el brazo, reminiscencias de la osamenta de un abolengo ciclópeo, y cuando reían o blasfemaban, resonaban el amplio tórax como batido por vibraciones de una laringe acostumbrada a las interjecciones violentas, porque poseían notas que semejaban ráfagas de huracán. No trajeron colaboración intelectual a la civilización argentina, sino puramente física: representaron la resurrección de la salud corporal, que da también fresco ambiente al espíritu, fibra a la voluntad y calor al sentimiento, cuando la civilización urbana sabe aprovecharla transformándola por sus medios conocidos. Su función parece más bien biológica que política; engendra las tiranías, como la sangre rica, las inflamaciones y las infecciones mortales que producen las pioemas. Si les hubierais entregado un gobierno federativo ideal, la perfección constitucional misma, les hubierais robado la plata, como vulgarmente se dice; dentro de su psicología y de su temperamento. Más que Rivadavia, Rosas les convenía necesariamente, o el ampuloso gobierno de Rodríguez; y eran lógicos.

Ha tenido siempre el litoral una tendencia marcada al movimiento.

Informado por un espíritu lleno de curiosidad, le ha gustado vivir la vida activa del éxodo, que da variedad a la existencia, aviva la imaginación y nutre al espíritu con impresiones saludables. ¿Atribuírelo a influencias marítimas? Los ríos caudalosos, la atmósfera marina, el panorama y todas esas grandes influencias tan comentadas por los historiadores o físicos de la escuela de Buckle, Metchnikoff y el célebre geógrafo alemán Pechel, ¿no tendrán, en efecto, alguna influencia en la especialidad de su carácter? Bastaría recordar las palabras de Elisée Reclus para contestar provisionalmente la pregunta: las felices condiciones del suelo, del clima, de la forma y situaciones del continente, son las que han valido a los europeos el honor de haberse puesto, desde muy antiguo, a la cabeza de la humanidad; con razón, pues, insisten los historiadores geógrafos en la configuración de los continentes y en las consecuencias que puedan resultar para el destino de los pueblos. Y para no entrar en largas consideraciones, ni cometer un acto de irreverente olvido, solo saludaremos al pasar la obra monumental de Carlos Reitter, el primer sabio europeo, que en vez de considerar la geografía como una ciencia de nomenclatura y enumeración, intentó, con éxito, descubrir la correlación íntima que debe existir entre la tierra y los seres que la pueblan.[203]

No hay duda de que ese litoral movedizo ha sido desde el principio de la historia, atrevido y pendenciero: la atmósfera marítima, cargada de cloruro de sodio y de principios estimulantes, ha dado a su carácter cierta marcada tendencia a la acción que tal vez quita a la inteligencia la tranquila y reposada quietud, tan necesaria para la obra de aliento que le sobra al arribeño. Los códigos, la legislación laboriosa y de intenso pensamiento, son para este último; los motines, la acción rápida, la audacia y el espíritu de rebelión pertenecen al temperamento del primero.

En 1577 los criollos de Santa Fe se levantan contra el gobernador Mendieta, luego deponen a don Juan de Garay y se apoderan del gobierno; en 1553, las elecciones del sucesor de Garay acaban a capazos; en 1762, el municipio de la ciudad de Corrientes se levanta para defender sus derechos reproduciendo la escena de 1732, en que al grito de ¡Común! ¡Común! se había alzado en favor de los comuneros del Paraguay.[204] Y en muchísimos otros hechos, repetidos en breve período con cierta insistencia ilustrativa, está demostrando que sus nervios tienen otros jugos y los animan otros fluidos que la tranquila inervación del mediterráneo cauteloso y tranquilo.

Este es otro tipo. Más tolerante y reposado, reflexivo y lento en la asimilación, pero tal vez más seguro en la reproducción sin brillo de su pensamiento, tiene, sin embargo, mayor receptividad para las idolatrías personales, lo que revela predominio de la superstición. Porque los altares han sido en su

---

203 Elisée Reclus, *Geografía*, 1876, tomo I, pág. 1.
204 Ramos Mejía, «Evolución de la democracia argentina», *La Biblioteca*.

tierra siempre más seguros que en el litoral; erigido un ídolo, difícilmente se le baja, y aunque desteñido y antiestético, sigue recibiendo la adoración mecánica del feligrés, más por temor a la innovación que por verdadero entusiasmo. Son algo así como un remedo indígena de aquel antiguo inglés de principios de siglo, que respetaba toda institución establecida porque era vieja, y desconfiaba de toda innovación, porque era nueva. Hay cierta peculiaridad en esa resistencia del noble arribeño a los rápidos cambios. La teoría de la santidad de la tradición, formulada por Burke en 1790, y convertida en dogma del clero anglicano y de las universidades, es en él una preocupación. Vestales empecinadas de la patria vieja sienten terror supersticioso cuando se quieren modificar hábitos tradicionales e inveterados. Y la verdad es, que cuando de esta ciudad multicolor y cosmopolita en demasía, uno, se traslada a la tranquila ciudad del interior, siente al alma que levanta sus alas suavemente acariciada por el recuerdo de la vieja cepa; percibe algo que semeja la fresca brisa de la infancia cantando en la memoria multitud de recuerdos amables. Sí: aquella casa vieja, aquella familia sencilla y distinguidísima, en medio de su patriarcal bonhomía, es la nuestra; el corazón la adivina, porque se rejuvenece en el perfumado contacto de la arboleda, y en la ráfaga perezosa en que el genio benevolente del viejo hogar envía su saludo al hijo pródigo que vuelve...

Percíbense en la historia argentina como dos fuerzas e influencias poderosas que partiendo del litoral y del interior, con cierta unidad de dirección en la corriente, afluyen no de ahora, sino de mucho tiempo atrás, hacia este inmenso centro de la capital fenicia y heterogénea todavía, pero futuro crisol donde se funde el bronce, tal vez con demasiada precipitación, de la gran estatua del provenir: la raza nueva. Por esto, aunque lentamente, va resultando cierta unidad de sentimiento político entre la metrópoli y el resto de la república; y precisamente por eso la multitud que se forme aquí tendrá más tarde su tinte nacional, porque necesariamente la circulación general concurre a este centro de oxigenación a refrescar la sangre que ha de enviar después hasta el más humilde capilar de la Nación. La sangre venosa de los empréstitos, de las exigencias de la miseria y de las pretensiones políticas o de los dolores locales, afluye al gran pulmón para convertirse en el glóbulo rojo de la dádiva, de la ayuda moral o de la promesa balsámica (cuando no tóxica de alguna candidatura, que de todo hay en la viña del Señor) y que el gran corazón distribuye.

La conocida comparación de la capital con el cerebro, es vulgar por lo mismo que es tan exacta. Todas las sensaciones e impresiones vienen a ella por el conducto de sus nervios afluentes conocidos. Va a ser éste el centro sinestésico de todo el ser político, de todo el conjunto de las funciones vitales, la vaga conciencia de todo l'insieme como diría Sergi. Centro de intelectualización de las oscuras impresiones de cada punto, y órgano de reflexión que devuelve transformados en movimiento, luz, ideas y voliciones, las sensaciones que por el correo, el telégrafo y la prensa, especie de encrucijada de la cápsula interna, se distribuye por todo el territorio.

Así es que no va descaminado el que para estudiar la multitud argentina moderna tome más tarde como tipo representativo genuino a la que se forme en la capital en ciertas circunstancias.

Cuando estudiaba el admirable procedimiento adoptado por la naturaleza para ir lentamente desenvolviendo los tipos orgánicos, desde nuestro modesto abolengo siluriano, el pez primitivo, hasta el hombre, me parecía, no sin motivo, que en la formación de esta sociedad algo análogo debía producirse. Que al llegar a cierto período de su desarrollo, ese embrión primero, el inmigrante, debía haber revestido en el orden social algo así como la estructura anatómica de los peces, más tarde la de los anfibios y por fin la de un mamífero, quiero decir que habría seguido en el orden de su perfeccionamiento intelectual y moral un transformismo semejante. La verdad es que la asimilación era seductora, porque facilitaba al espíritu un procedimiento de averiguación cómodo y sugestivo y porque, en efecto, parecía encontrarse en lo que llamaríamos con propiedad la filogenia de nuestra sociedad, tipos que, con un poco de buena voluntad, podían asimilársele por vía de ilustrativa aunque remota comparación.

Cualquier craneota inmediato, es más inteligente que el inmigrante recién desembarcado en nuestra playa. Es algo amorfo, yo diría celular, en el sentido de su completo alejamiento de todo lo que es mediano progreso en la organización mental. Es un cerebro lento, como el del buey a cuyo lado ha vivido; miope en la agudeza psíquica, de torpe y obtuso oído en todo lo que se refiere a la espontánea y fácil adquisición de imágenes por la vía del gran sentido cerebral. ¡Qué oscuridad de percepción, qué torpeza para transmitir la más elemental sensación a través de esa piel que recuerda la del paquidermo en sus dificultades de conductor fisiológico! Recuerdo que hace años, con motivo de una epidemia en el «Asilo de Inmigrantes» y so pretexto de comprobar misteriosos estados de inmunidad en los sanos y recién llegados, hice algunas experiencias de psicología, que aunque no del todo comprobatorias, como es consiguiente, me permitieron fundar deducciones aproximadas, dándome resultados curiosos y reveladores en ese sentido.

Todos estos métodos fáciles y de argumentación poco complicada, permiten al más profano interrogar por medios materiales y con éxito relativo esa esfinge destronada de la impenetrabilidad del espíritu. El método sencillo de las más pequeñas diferencias perceptibles o de los casos verdaderos o falsos, como cualquier otro procedimiento de investigación, facilitan tan interesante operación. Ordinariamente, y cualquiera de estas sencillas impresiones conscientes, provocan una reacción de parte del sujeto, reacción no solo motora, sino también intelectual; la atención se fija sobre la sensación, el juicio interviene para clasificarla o definir sus caracteres y un estado emocional acompaña el conjunto. Así es, cómo concurre casi todo el espíritu, en la sencilla producción de una sensación elemental.

Crepuscular, pues, y larval en cierto sentido, es el estado de adelanto psíquico de ese campesino, en parte, el vigoroso protoplasma de la raza nueva, cuando apenas pisa nuestra tierra. Forzosamente tiene uno que convencerse de que el pesado palurdo no siente como nosotros. Como he dicho antes, su mecanismo psicológico es lento e intermitente como la rueda de la hilandera primitiva o el arado grosero del agricultor de la media edad; esa sensibilidad moral, receptáculo y fábrica de todos los sentimientos e ideas morales del hombre culto y definitivo, es todavía un vago remedo de lo que será después. Pero el medio opera maravillas en la plástica mansedumbre de su cerebro casi virgen. La luz de este cielo despierta la dormida actividad de las imágenes visuales; el ruido primero y el sonido después, el color variado, las formas multiplicadas de las cosas, y esa secreta inclinación y competencia elemental de la raza por el arte, no en su sentido grandioso, sino por alguna de sus más humildes manifestaciones (aunque no por eso menos útiles) que se traducen en las artes manuales y domésticas que dan

165

de comer y facilitan la vida, concurren a ese fin. Despiértalo, la locomotora pujante que resoplando arrastra la prolongada cola de sus anillos de vagones interminables, atragantados por el producto de la cosecha generosa; despiértalo el ruido de las calles, el bullicio de las industrias, los gritos alegres de los niños que brotan en los patios de los conventillos como el maíz en la tierra lujuriosa; finalmente, la inmensa llanura, aquella nuestra sin igual llanura, sin sombras, como sus melancólicos y remotos horizontes, cubierta de trigales y de verdes maizales, como no se los imaginó, ni en sueños de delirante grandeza ese patán, tan fecundo bajo este Sol, dentro de este aire, sobre el inmenso río patrio, mansamente rugiente en su largo trayecto.

Su mente soñolienta se siente animada por la vibración de la vida, obligada a dilatarse como el acero de buena ley; del rudo trozo de mineral surge, como por obra de sortilegio, la lámina bruñida y radiante del hombre regenerado para el trabajo en toda su más noble amplitud. Entonces esa mentalidad, que ha vegetado en la oscura invernación de la miseria, se precipita en el vértigo, ora saludable, ora nocivo de esta vida febril en que va desenvolviéndose la gran nación. ¿Por qué el color le hiere más intensa y agradablemente la retina? ¿Por qué ese oído torpe y apenas perceptor indiferente del vago rumor de la montaña, distingue ahora el sonido y comienza a procurarse la emoción de la música siquiera humilde que en la tibia tarde del estío puebla el aire de la naciente colonia? ¿Por qué, en fin, en esa alma que ha callado hasta la edad adulta, al contacto de este aire y de este cielo, siente que hacen en ella irrupción extrañas emociones y sentimientos que la echan en las iniciativas audaces y le infunden savia más fogosa? Es que el cerebro ha sido tomado por las manos de este genio de los aires, de las aguas y de los lugares a que Hipócrates aludía en su genial visión, obligándolo a aceptar las modificaciones que generaciones venideras aprovecharán en plenitud mayor.

Me asombra la dócil plasticidad de ese italiano inmigrante. Llega amorfo y protoplasmático a estas playas y acepta con profética mansedumbre todas las formas que le imprime la necesidad y la legítima ambición. Él es todo en la vida de las ciudades y de las campañas, desde músico ambulante hasta clérigo; con la misma mano con que echa una bendición, usando de la cómica solemnidad del que lo hace como oficio y no por vocación, mueve la manivela del organillo o arrastra el carrito de verdura; nos ofrece paraguas baratos cuando chispea, hace bailar el mono hábil en el trípode y abre la tierra que ha conquistado con su tesón y fecundado con su trabajo. Como son tantos, todo lo inundan: los teatros de segundo y tercer orden, los paseos que son gratis, las iglesias, porque son devotos y mansamente creyentes, las calles, las plazas, los asilos, los hospitales, los circos y los mercados; todos los oficios y profesiones, siempre que sus actitudes un poco zurdas y elementales se lo permitan; ellos son cocheros, después de un aprendizaje doloroso de chichones y espolonazos violentos contra los otros coches, de contravenciones y multas, que les aguzan el ingenio; ellos son cuarteadores de los tranvías en actitudes pintorescas y extravagantes manejos de riendas; ellos son mayorales y conductores, y hasta los picantes dicharachos de la compadrería urbana y callejera suelen brotar de sus labios con cierta gracia exótica para aquel cerebro todavía burdo y acuoso; ellos son, en suma, todo lo que dé medios de vida y prometa un porvenir, remoto si queréis, pero seguro.

Con deciros que de ciertos trabajos hasta al gaucho han desalojado. Cuando salís un poco afuera, un tipo extraño de burlesco centauro, os hiere la vista: sobre un peludo y mal atusado corcel, mosqueador y de trabado galope, se zarandea una figura nerviosa que agita sus piernas al compás desarticulante de la jaca maltrecha por el cansancio. Al pasar por la pulpería le silban y vilipendian; su figura antiestética despierta la hilaridad, pero él sigue su destino: no acepta la copa, ni la mañana, ni la chiquita, ni el coperío, ni la gárgara. Va a su propósito: cobra sus capones vendidos, arregla la conducción de una tropa, la verificación de una esquila, la compostura de una olla, el préstamo del organillo, o el blanqueo de una casa, y torna luego al puesto o a la estancia, que poco tarda en tenerla, para acondicionar en lugar seguro la guardañanza, suculento producto de su incesante trabajo y de su fregoliforme multiplicidad de aptitudes humildes, pero proficuas. Porque, en efecto, ese desagradable de Frégoli no es sino un símbolo vivo del inmigrante italiano. Con el traje de vasco o de matrero, con la bota de potro, risueñamente apareada al jaquet, de alpargata o botín de elástico y chiripá, en la frontera o en el suburbio, en la colonia o en la lejana estancia, donde la lucha contra la naturaleza indiferente es incesante, él, manso siempre, alegre, pero discreto, tolerante y docilísimo a las circunstancias ambientes va conquistando el suelo y asimilando, sin repugnancia, lo que le brinda la tierra y las razas que lo circundan. Así, le veis en ocasiones, marido fiel y constante de una paisana, amante de una negra o rendido amador de una china suculenta o de alguna solterona centenaria, cuyo capitalito, sin movimiento, él fecunda hasta proporciones inusitadas con la honrada alquimia de su trabajo, lleno de sorpresas y transformaciones.

Hasta en esa bizarra inocencia con que acomete en carnaval los disfraces más extraños de indio, duque, gaucho o guerrero, hay algo de simpático y de valeroso, que revela ímpetus de sangre nueva; cierto bonachón escepticismo que desprecia el grueso ridículo callejero, provocado con desparpajo y pueril valentía. Le veis cruzar la calle cuajada de gente bien dispuesta al titeo y a los manotones, asentando con aplomo terrible su pata alpargatada de paquidermo y al compás de su arromadizado acordeón, recorre entero el municipio, sin claudicar un momento en su sinceramente alegre peregrinación de tres días con sus noches. Se divierte como un niño, porque lo es; aunque adulto por los años, su espíritu solo ha comenzado a vivir cuando sus alas, en despliegues sonoros de pájaro que recibe la fresca bendición del agua de lluvia en una tarde estival, ha sentido la influencia fogosa y estimulante de esta luz y de este cielo fuertemente perfumado por la libertad y el trabajo. ¡Y cómo contagia su alegría pantagruélica ese gringo que goza de la vida! ¡Cómo absorbe su caldo en la hora de la cena, en grandes sorbos ruidosos y aperitivos, sin dejar restos ni residuos vergonzantes en la olla humeante y llena de la salud que le da la noble pobreza! ¡Qué bueno y qué sencillo me parece ese paise trajinante, antes de dejar la larva del inmigrante para convertirse en el burgués aureus, insoportable y voraz! El niño concebido en esa plena efervescencia del sistema nervioso, recibe una herencia de aptitudes mayor que si los padres hubieran permanecido en la inercia de su primer estado. Por las causas enumeradas, el inmigrante transformado no piensa ni siente con su instrumento importado, que era deficiente, sino con el fundido en el patrón que el medio le ha impuesto; de manera que las influencias hereditarias transmitidas, tienen que ser, en un 35 %, indígenas, argentinas.

En esta lucha en que se forma la moderna sociedad argentina, el capital de las adquisiciones hereditarias que trae aquél, es necesariamente modificado por la selección. El proceso de desarrollo, tal cual ha sido legado por los ascendientes, o, por otro nombre, la herencia palingenética, como quiere Lang que se le llame, es sensiblemente modificada en su plasticidad misma por la lucha por la existencia. Para Vandervelde y Massart es éste un factor importante que somete el sentido de los estados sucesivos del desarrollo de una especie a modificaciones de diversos órdenes; de modo que bien pronto deja de representar fielmente en su curso el desarrollo de sus ascendientes.

En nuestro país, en plena actividad formativa, la primera generación del inmigrante, la más genuina hija de su medio, comienza a ser, aunque con cierta vaguedad, la depositaria del sentimiento futuro de la nacionalidad, en su concepción moderna naturalmente.

Si le observáis en sus actos más nimios y en las cosas en que ese sentimiento se manifiesta en alguna forma, siquiera pueril, veréis cómo empieza a esbozarse esa que va a ser la pasión del porvenir, sobre todo, en lo que tiene la patria de culto externo y sensorial. El pilluelo, el hijo a medias argentinizado por el ambiente y la herencia, es el vector de este cariño en su nacer. También el padre solo ha sentido aquí las nuevas orientaciones de ese sentimiento: la agricultura próspera, nuestro suelo dócil y generoso, le han dicho muchas cosas al oído, como si el olor de la tierra húmeda, ya próxima a la fecundación, despertara en los sentidos del campesino las emociones todavía vagas del primer amor a la patria.

Ese niño vagabundo y curioso, eterno ocupante de la calle, es el que aplaude con más calor las escuelas de cadetes, que con encantadora gravedad desfilan en los días de la patria; en el que vive con bullicioso entusiasmo la bandera harapósa del viejo y glorioso batallón, el que acompaña a la tropa más lejos, el que no falta a la lista, el que se asocia con la más candorosa y sincera decisión a todas las cosas populares en que está el pabellón y el uniforme.

Ese primer producto de la inmigración, el argentino del futuro, vive más en la calle que en ninguna otra ciudad del mundo donde generalmente la infancia está disciplinada. Niño, apenas destetado, no sale de la puerta y de la acera, cuya propiedad disputa al transeúnte, y cuando ya puede manejarse solo, la plaza y la puerta de los espectáculos y de las colmadas escuelas del Estado en la errante deambulación de su alegre vagancia. Es el sistema nervioso que al día recibe y asimila mayor número de impresiones, el que más pronto y más intensamente experimenta la repercusión del menor incidente público. Por consecuencia, su cerebro es más fustigado, más estimulado y como el cerebro del niño no recibe sino lo que puede, lo que aleja los peligros del un poco exagerado surmenage escolar, es más precoz su desarrollo que el de los niños del hogar acomodado, que el del niño bien, como en la jerga de la sociedad se dice. Eso explica, probablemente, su superioridad en todos los ejercicios de la escuela y la facilidad con que el observador ve desenvolverse lentamente el sentimiento de la patria, que en la futura generación será más completo.

Sistemáticamente y con obligada insistencia se les habla de la patria, de la bandera, de las glorias nacionales y de los episodios heroicos de la historia; oyen el himno y lo cantan y lo recitan con ceño y ardores de cómica epopeya, lo comentan a su modo con hechicera ingenuidad, y en su verba accionada demuestra cómo es de propicia la edad para echar la semilla de tan noble sentimiento. Yo siempre he adorado las hordas abigarradas de niños pobres, que salen a sus horas de las escuelas públicas en alegre y copioso chorro, como el agua por la boca del caño abierto de improviso, inundando la calzada y poblando el barrio con su vocerío encantador. Esas aves errantes, de tan descuidado plumaje y de un exotismo gracioso de nombre y apellidos, salen de un nido desconocido, sin duda, pero como la misteriosa rodostetia rosea que encontraba Nansen en su camino, suelen volar alto y resistir con más éxito la cruda temperatura que las rodea.

La primera generación es, a menudo, deforme y poco bella hasta cierta edad; parece el producto de un molde grosero, los primeros vaciamientos de la fundición de un metal noble, pero todavía lleno de engrosamientos y aristas que el pulimento posterior va a corregir. Hay un tanto por ciento de narices chatas, orejas grandes y labios gruesos: su morfología no ha sido modificada aún por el cincel de la cultura. En la segunda, ya se ven las correcciones que empieza a imprimir la vida civilizada y más culta que la que traía el labriego inmigrante. El cambio de nutrición, la influencia del aire y de la relativa quietud del ánimo por la consecución fácil del alimento y de las supremas necesidades de la vida, operan su influjo trascendental.

El régimen alimenticio puede tener una determinación efectiva, tal vez tanto o más que los otros agentes modificadores. Partidarios «y adversarios absolutos de la transmisibilidad de las cualidades adquiridas, están de acuerdo en admitir que el estado general de prosperidad o de miseria fisiológica pueda tener una repercusión más o menos extendida sobre la posteridad». El mismo Weismann, admite que las células sexuales mejor nutridas en un individuo o inversamente debilitadas por la miseria fisiológica o la enfermedad, suministran a sus descendientes un keisplasma y células somáticas más vigorosas o debilitadas.[205] El sistema nervioso tranquilo y menos forzado atiende al desarrollo de las formas, con más arte diré así; parece como si pusiera mayor cuidado en su misión morfológica, quizás porque una sangre mejor servida, facilita la resurrección de tan fundamental función de la vida.

Hay que observar a los niños de los últimos grados, para ver cómo de generación en generación, se va modificando el tipo del inmigrante hecho gente. Podríamos decir en presencia de cualesquiera de los numerosos cursos primarios, cuál pertenece a las primeras, cuál a las segundas; cuál de ellos procede de padres cultos y nobles abolengos ya afinados por el buen vivir o por las aptitudes de constante corrección que han disciplinado el físico; quiénes han recibido la sugestión constante, la serena y fácil práctica del deber moral de un padre impecable, o el buen ejemplo, la constante audición de una voz materna, llena de la unción musical que procede del órgano que no se ha engrosado por el uso de la blasfemia o del grito montaraz, contra el buey perdido, la olla derramada o el cerote mal gastado; todo eso que ha ido lentamente llenando poco a poco el alma con el voluptuoso perfume de ideales y ambiciones *chères au cœur, que mon esprit rêvait*, y que se refugian, con cierto pudor varonil, en la modesta penumbra del hogar de abolengo como emblema perenne y claro ideal de la vida libre de la obsesión brutal de la fortuna a toda costa.

---

205 August Weismann, *Essais sur l'hérédité et la selection naturelle*, París, C. Reinwald, 1892. A. Wurtz, *La théorie atomique*, 1879.

171

Del inmigrante así imperfectamente modificado, surgen, como por epigénesis social, todos esos productos de evolución con que nos codeamos diariamente y que forman una estructura peculiar completa.

En el mundo social, y volveremos a la primitiva comparación tan sugestiva, sucede lo que en el resto de la naturaleza, cuya armonía quiere que la fauna completa de una región encierre además de los grandes cuadrúpedos, seres de talla o de fuerza menor.

Al lado de los leones y de los elefantes, existen animales más pequeños que viven de sus restos y que han recibido, en compensación de su debilidad facultades por medio de las cuales llegan hasta donde no alcanzan los grandes mamíferos. Son miembros de la pequeña fauna, que ha descrito con su admirable comprensión de estilo, el autor de *Les enchaînements du monde animal*, y que tienen sus congéneres en el mundo moral.

En la paleontología social, el guarango representaría uno de esos vertebrados que en épocas remotas buscaran con curiosidad los sociologistas del porvenir, para establecer el encadenamiento de los tipos sucesivos de nuestra evolución. Es un invertido del arte, y se parece a los invertidos del instinto sexual que revelan su potencia dudosa por una manifestación atrabiliaria de los apetitos. Necesita de ese color vivísimo, de esa música chillona, como el erotómano del olor intenso de la carne; quiere las combinaciones bizarras y sin gusto de las cosas, como éste de las actitudes torcidas y de los procedimientos escabrosos, para satisfacer especiales idiosincrasias de su sensibilidad.

En música, tiene los atavismos del organillo que manejaron sus padres en la miseria; y en lo que a la pintura se refiere, posee en la retina los colores chillones de la oleografía con que fueron ellos sorprendidos en sus primeros contactos con la pinturería del suburbio o de la aldea fronteriza. Ese cerebro anheloso, pero todavía estrecho, trae a la vida social la impregnación viva de todas las sensaciones visuales, auditivas y morales que sus ascendientes almacenaron durante la gestación, entre los rumores del maizal verde oscuro excesivo, los olores violentos de la parva fermentada y la rumiación nocturna de sus proyectos tiránicos de ahorro, parecidos a escaseces y pasados a miseria. Todo eso mezclado en revueltas combinaciones, lo veréis luego aparecer, en su ropa barroca, en la indumentaria del hogar, con excesos de mercería, en sus gustos literarios, en sus fiestas inocentes, en su rúbrica copiosa, en la perfumería sui géneris y, finalmente, hasta en su entierro, lleno de cosquillas comprometedoras por el característico exceso de morenos enlutados, de lúgubres tapicerías, sombreros y caballos negros lujuriantes; que retozando con gran solemnidad, van por el camino metiéndose con toda la equina animalería cuyo sexo ofrezca dudas.

Lo que en materia de gusto y de arte se le ocurre a un guarango, solo un invertido puede pensarlo. Verdad es que este último es un enfermo, y el primero un primitivo, un inocente exhibicionista; tal vez un atrofiado del sentido cromático de la visión y del sonido, lo que da por resultado ese indigente del buen gusto y de la oportunidad de todas las cosas de la vida. El guarango, es, pues, un *stratus* en la geología especial de nuestra sociedad.

Ha recibido las bendiciones de la instrucción en la forma habitual de inyecciones universitarias; pero es un mendicante de la cultura; su corteza aún demasiado áspera por su proximidad al patán, su abolengo inmediato, resiste al vernissage que debe hacer el hogar de tradición, y a falta de él, la cultura universitaria, cuando no es simplemente profesional y utilitaria como la nuestra. Por eso, aun cuando le veáis médico, abogado, ingeniero o periodista, le sentiréis a la legua ese olorcillo picante al establo y al asilo del guarango cuadrado, de los pies a la cabeza. Le veréis insinuarse en la mejor sociedad, ser socio de los mejores centros, miembro de asociaciones selectas y resistir como un héroe al cepillo; le veréis hacer esfuerzos para reformarse y se reformará, a veces; pero cuando menos lo esperéis, saltará inesperadamente la recalcitrante estructura que necesita un par de generaciones para dejar la larva que va adherida a la primera.

Por necesidades de sensibilidad, aunque algunos con cierta pudorosa discreción, parecen amar en secreto el cómico lirismo de Flor de un día, que es el canon de sus gustos literarios; llorar la emoción de Lola y la desgracia del interesante don Diego. Viven, aún, en ese período de su desarrollo mental en que se admira de buena fe al catalán Serrallonga y se ama el clavel disciplinado y el floripondio ampuloso que hasta hace treinta años llenaba con su olor amable y penetrante la atmósfera de nuestros patios enladrillados. El suicidio por amor, bellísimo ejemplo de regresión social hacia la época werteriana del paquete romancesco, ¿dónde lo encontraréis sino en esa inocente pareja de guaranguitos, en quienes la inervación emotiva desencajada de su justo equilibrio, ha perdido el gobierno del pensamiento? Esa autoquiria anacrónica es una dolorosa demostración de la influencia que aún conserva sobre su corazón primitivo la emocionante lectura de Oscar y Amanda, Amar o morir y Pablo y Virginia. Tan es un tipo de transición social que el guarango desaparece a la tercera generación para dar lugar a otro tipo.

El canalla es el guarango que ha trepado por la escalera del buen vestir o del dinero, pero con el alma todavía llena de atavismos, en quien, podríamos decirlo abusando de la anatomía sui géneris de los legos, el hígado, por anomalías de la misma especie, derrama sus venenos sobre el corazón en vez de arrojarlos al intestino. A través de la larga domesticación que en él ha experimentado la bestia, hay algo que escapa a la acción del tiempo y de la instrucción, algo que queda permanentemente en su alma, como persiste el lunar en la piel, a pesar de la renovación constante de su epitelio; algo que imitando la rudeza de la clasificación heckeliana yo llamaría el apéndice de la canallería. Como esos órganos que al estado rudimentario persisten en el organismo del hombre, recordándole su pasado zoológico, como la misteriosa glándula pineal que recuerda el tercer ojo del batracio remoto, o como el apéndice caudal, que atrofiado y vergonzante aún se ve en la columna vertebral humana, rememorándole su abolengo simiesco bochornoso, así persisten en ciertos hombres hábitos y procederes morales que revelan inmediatamente el alma canallesca que les ha dado el ser. Raspad ese barniz con que dolosamente ha cubierto la benevolencia social las grietas de esa ánima maculata y vais a ver cómo se dibuja inmediatamente el apéndice consabido, invalidando la amnistía que le ha conferido el sastre y la impunidad de algún diploma pomposo.

El huaso es un guarango de especie más grotesca; piel moral de paquidermo, que araña con su áspero roce, y del cual, por obra del medio, sale el compadre, que es un huaso espiritual morigerado por el contacto urbano y la constante sujeción al trabajo callejero, que lo pone en contacto diario con todas las clases.

Hay otra variedad del guarango que difiere de aquél por el menor exhibicionismo de su vida y de sus gustos, tipo esencial y excesivamente conservador, de cierta modestia previsora porque procede de la avaricia y del

174

terror al descubrimiento de la gran fortuna amasada a costa de su salud tal vez. Representa, entre nosotros, el burgués de otras partes, el improvisado millonario nacido del sortilegio de la lotería y surgido del sembradío inmenso de la colonia o del humeante montón de la tierra fecundada por su noble trabajo. Pero una vez que ha tomado su colocación, no tiene más programa en la vida que guardar su dinero, defenderlo de la caridad y del patriotismo que alguna vez golpea sus puertas, oprimirlo contra su pecho para que no abulte, regarlo con la leche de la retroventa y de la hipoteca para que reproduzca pegado a las tetas de la usura que aleja la tisis de las fortunas y es bálsamo confortante de quiebras y dolores. Llegado a esa altura, compra, con poca plata, naturalmente, un título: se llama algunas veces el alto comercio, por ejemplo, y como su programa es el ya notado más arriba, le vais a ver garboso y solemne seguir mansamente a don Juan Manuel de Rosas, admirar a García Moreno, o sonreír a Santos y a Melgarejo, sin escrupulizar mucho en achaques de buen gobierno. Almas desasidas de las cosas ideales que no dan plata, lo mismo es para ellos el despotismo que la libertad, siempre que le conserve su dinero. Pero... ¡ay del gobierno a quien se le sospeche irrespetuoso del centavo ajeno! Porque entonces el enriquecido se levantará heroico en la revolución para entregar su vida... antes que su dinero. Él es el que en ese grado de organización pasiva constituye el receptáculo y acaso la incubadora de todo chisme político y social que en forma de literatura periodística distribuye el diarismo multiforme. Como es sanchopancescamente crédulo e iluso, no hay más que redactárselo en cierta forma untuosa y soluble, rotulándolo con la cómica solemnidad con que nuestros periodistas untan para que corra la noticia o la calumnia más inverosímil: a los hombres honrados, a la parte sensata de la opinión, al pueblo ilustrado, y que él, sin sospechar siquiera que el que eso escribe no es, con frecuencia, ni honrado, ni sensato, ni ilustrado, traga el anzuelo y hasta lo digiere, tal es la fuerza de sus jugos digestivos.

Este burgués aureus, en multitud, será temible si la educación nacional no lo modifica con el cepillo de la cultura y la infiltración de otros ideales que lo contengan en su ascensión precipitada hacia el Capitolio.

Capítulo VIII. La multitud de los tiempos modernos (conclusión)

Propiamente hablando, no hay ahora en nuestro escenario político espontánea formación de multitudes. Los tiempos que corren no revelan una constitución pletógena. A ese respecto, hemos retrocedido a la época del grupo nuevamente. El país, o como se decía en otros tiempos mejores, la patria, está hasta cierto punto dirigido por fuerzas artificiales, por tres o cuatros hombres, que representan sus propios intereses (nobles y levantados en alguno), pero pocas veces tendencias políticas, económicas e intelectuales de la masa. Atravesamos una época de fetichismo político bastante grave.

La multitud es función democrática por excelencia, porque es el recurso y la fuerza de los pequeños y de los anónimos; átomos que se atraen en virtud de su afinidad, forma de la atracción universal que obedece a la influencia de la masa y depende de la cualidad de aquéllos. La afinidad suya es electiva, como se dice desde los tiempos de Oribases; engendra agregados de hombres y de grupos, combinaciones de intereses y de tendencias, como la reunión de moléculas combinaciones químicas. En ésta, como en aquélla, los átomos no son ya libres de sus movimientos, y los ejecutan de una manera hasta cierto punto coordinada, constituyendo un sistema en que todo es solidario y sujeto. De ahí su fuerza. En todas las cosas, el poder de lo infinitamente pequeño es formidable. Una partícula de almizcle ¿no es acaso suficiente para perfumar el aire de un cuarto? Kirchoff y Bunsen han demostrado que la tresmillonésima parte de un miligramo de cloruro de sodio basta para colorar de amarillo la llama de un pico de gas.[206] Y Hoffman ha establecido que la rosanilina comunica una coloración sensible a cien millones de veces su peso de alcohol. En la naturaleza, que la costumbre nos hace llamar inanimada, tal es el secreto de la asociación en multitud. Es ese también el papel de lo infinitamente pequeño en la obra moral, como en la dinámica de la sociedad, y que no actúa en la nuestra del momento actual.

Esa fácil afluencia de las pequeñas voluntades a la grande de la multitud, es signo de libertad y de libre circulación vital; significa que el ejercicio de las acciones infinitesimales concurren a la secreta elaboración de la conciencia política y que las pasiones y las tendencias, buenas o malas, que forman el

---

206 Binet, *Transformations de la personalité*, pág. 4.

176

temperamento de un país, no están oprimidas o atrofiadas por la falta de uso, lo que constituiría una enfermedad si no mortal, cuando menos muy grave, según el criterio de la moderna patología social. Hoy todo se mueve dentro de los rumbos artificiales que la mano potente del grupo les imprime. El comité electoral, como la asamblea política es una simple comedia, a veces triste, a veces aristofanesca, en la que el coro solo recita lo que se le ha enseñado. Se siente allí que la vida está helada: antes de morir ya trasciende a cadáver. Cuando he presenciado tales comedias, el recuerdo lúgubre de las asambleas de fumadores de opio me han asaltado a la memoria, e instintivamente he abierto la boca cuan grande es, para que el aire refrescante de afuera me libertara de la sensación de asfixia que me apretaba la garganta. En nuestra psicología social la multitud en estado estático, esto es, asambleas, teatros, cámaras y otras colectividades sedentarias, es más implacable y menos generosa, sin duda, que la que circula en los grandes días de efervescencia popular por las calles, las plazas o en otros lugares y circunstancias: ejércitos colectivos, hordas, montoneras, meetings, etc., es decir, multitud en estado dinámico. Porque es, si cabe, más reflexiva, menos impulsiva que esta última.

Parece que en estos estados de violenta excitación por que suele atravesar la multitud dinámica pasara algo análogo al sonambulismo de la histeria. Observa Sollier, que en las grandes histéricas que uno somete al aislamiento en un establecimiento de sanidad, se comprueba con frecuencia el olvido rápido de las dramáticas circunstancias de la entrada, ruidosa, agitada y emocionante casi siempre, por lo que debería constituir un recuerdo imperecedero. Bajo la influencia de este cambio de medio, de esa viva reacción, entran en una existencia psíquica nueva, que borra el recuerdo de la antigua, y cuanto más pronunciadas son las modificaciones del estado histérico, más marcada es la amnesia. Y agrega el conocido interno de Bicêtre: que esa amnesia no se extiende solo a los incidentes que han acompañado su entrada, sino que, si la mejoría sobreviene rápidamente, se observa una amnesia retrógrada que puede cubrir uno o muchos años. Paréceles que, dormidas durante largo tiempo, despertaran creyéndose al día siguiente de aquel en el que ha principiado el sueño.

Algo parecido debe acontecer a ese otro ser múltiple, porque hay, indudablemente, un sonambulismo-colectivo, como existe uno individual. Encuéntrase en la forma especial de que habla Binet, en que además de la vida normal y regular tienen otra existencia psicológica o, como se dice en el lenguaje de la escuela, una condition seconde, de la que no guardan recuerdo al volver al estado de salud. Según ese autor, el carácter propio de tal condición es constituir otra existencia psicológica completa; el sujeto vive la vida común, tiene el espíritu abierto a todas las ideas y a todas las percepciones y no delira. Un observador desprevenido no podría reconocer que se halla en estado sonambúlico.[207] Hay, pues, un verdadero desdoblamiento de la personalidad. En semejante situación mental, la multitud debe encontrarse en un estado de sistematización de la actividad psicológica particular. Dominada por una idea o por un grupo de ideas que imprimen a su existencia una orientación especial, no entiende lo que se le dice cuando las palabras pronunciadas no tienen relación alguna con su idea fija; y los objetos que la rodean, la dejan indiferente o no son percibidos de un modo consciente cuando no se refieren a su preocupación habitual. Despierta, vuelve a tomar su yo normal; retorna a la orientación ordinaria de sus ideas: el libro de la vida sonambúlica como dice Journey, se cierra al despertar y la persona de siempre no puede leerlo o lo lee confusamente.

De ahí viene, verosímilmente, el olvido de las cosas hechas en multitud, su desconocimiento, su repugnancia, su arrepentimiento a veces. Esa es la diferencia notada, por casi todos los observadores, entre el individuo aislado y el de la multitud. ¿Irresponsable? Posiblemente. Para daros exacta cuenta del fenómeno, menester es que recordéis los casos tan conocidos de Félida, del sargento de Bazeilles y de los que trae Binet en su celebrado libro.

En uno de estos estados odiará lo que en el otro amaba: los jacobinos más intratables, fueron los que más tarde aclamaron con mayor entusiasmo a Bonaparte, cuando suprimió todas las libertades e hizo sentir tan duramente su mano de hierro sobre Francia. Es el primer ejemplo que me viene a la memoria de ese género de sonambulismo. La multitud que produjo los sucesos de los años 40 y 41, y que después ensangrentó las calles de Buenos Aires el 42, despertada por Caseros, concurrió a la revolución del 11 de

---

207 *Conférence faite à l'Institut.*

septiembre, sublevada contra los nuevos tiranos. Sería curioso un estudio más hondo de este sonambulismo colectivo que parece ejercer buena parte de influencia en los sucesos históricos.

Como observaba hace un instante, en el primer caso, —son ètat premier, dirían los especialistas— multitud estática como yo la llamaba, es, si no más maligna y agresiva, por lo menos mucho más pasiva y tolerante, circunstancia que hace posible todos los despotismos políticos y que constituye el estado moral permanente del burgués aureus. Éste, demasiado tímido para transformarse, pocas veces, en multitud dinámica, facilita las tiranías de las otras multitudes y de las mediocridades conservadoras, cosa que observaréis en nuestro tiempo especialmente; por eso las dinámicas son más peligrosas si se quiere, pero menos cobardes, porque buscan la lucha, son agresivas y nada femeniles, se exponen y van dispuestas a todos los peligros. El enardecimiento casi delirante del contagio recíproco y violento, hace de ellas un ciego ariete que no razona, necesariamente, que obra por acción refleja, por ímpetus; estaba tentado de decir, por deflagración.

En el primero (estática) es, pues, tan multitud como en el segundo; pero en aquél la difusión se hace más frecuentemente por los medios ya notados: el diario, el pequeño corrillo, la tertulia o la conversación callejera. Ese es el procedimiento contagioso y sugestivo que mantiene la dictadura de las preocupaciones y de los hombres. Y aun sin eso, el individuo puede, sin moverse de su casa, formar multitud con sus vecinos, con quienes ni siquiera ha conversado. De una misma estructura primaria y dentro del mismo medio, la reacción tiene que ser igual en presencia de una impresión cualquiera. La analogía de organización dará por resultado paridad de facultades perceptivas y de aparatos de transformación superior. Si recorréis puerta por puerta, toda la calle de las Artes, o si tomáis por separado uno por uno, a los guarangos que forman en esta ciudad la gruesa opinión, veréis que en presencia de un hecho social, económico o político, el criterio es el mismo, tan estrecho como el ojo de una aguja, tan parecidos como si el panadero hubiera ido de casa en casa repartiendo el molde; y hasta si me permitís la exageración, veréis producirse en todos, las mismas actitudes de asombro o de cómica indignación que sugiere al primero que lo ha sentido. Es así como se hace la educación del servilismo, más propiamente la formación del alma pecoaria, que se obtiene por la adecuación de un considerable número de células cerebrales a la función social de la obediencia automática. Una vez obtenida, las tiranías ya no necesitan derramar sangre; bástales chasquear el látigo de cuando en cuando, hacer el trueno como en los teatros.

Es muy curiosa la manera cómo sabe las cosas de la vida, la ciencia de esa multitud; qué concepto alquimista y medieval posee de sus achaques, circunstancia que hace bizco su juicio elemental en la mayoría de las cosas. Más que nociones son supersticiones, que toma como verdades científicas. Peculiar ingenuidad que fácilmente prospera en el espíritu simple, cualquiera que sea su jerarquía social, y que los ayuda a pensar, que concurre a su juicio y a sus fallos mezclados y confundidos de extraña manera en la textura de su mecanismo intelectual. La anatomía les enseña que hay una vena que sale del dedo gordo del pie y va directamente al corazón, lo que hace gravísimas las heridas de la pierna, que si los enfermos mueren del tétano es porque el pasmo se les va al corazón, que la sangre se para, que el empacho se rompe, que el daño es maleficio, que los nervios se acortan. Con esa materia prima mental, o cosa parecida, piensa y camina ese espíritu popular sustraído a la verdad y dando tumbos en la marcha; la constante deformidad de su percepción hace de la ilusión un estado permanente de su inteligencia. No esperéis, pues, el raciocinio siquiera mediocre, pero independiente de las clases cultas dirigentes de otras partes, que aquí no se forman todavía, y que pueden a veces mantenerse libres y encauzar a la veleidosa hetaira dentro de corrientes saludables. En nuestros tiempos hay ausencia completa de esa inminencia de multitud que mencionara antes y que expresa el grado de susceptibilidad de un pueblo a la acción de los agentes morales en circulación. Los más graves sucesos han encontrado indiferente y frío el sentimiento popular. Ni siquiera grupos numerosos se formaban en las puertas de las imprentas cuando los cohetes anunciaban noticias sensacionales. Diríamos, para emplear el lenguaje del pretencioso vocabulario, que no había en nuestros nervios, signos pletógenos que la produjeran.

Esa es, en pocas palabras expresadas, la fisiología moral de nuestra actual multitud estática, en lo que su soñolencia digestiva permite observar.

Las dinámicas de la emancipación eran sentimentales y románticas, la de la tiranía belicosa y emocional, y la moderna, que actuó intermitentemente desde Caseros, fue en su infancia (1852 a 1860) creyente y revolucionaria para ser después escéptica y esencialmente mercantil. Su alma colectiva no difiere de la individual, al contrario de lo que, según autores conocidos, sucede en las europeas. En éstas, esa alma surge del inconsciente acarreo de ideas y sentimientos que trae al cerebro la tradición no interrumpida que se ha ido formando por influjos seculares y que dan a sus actos cierta unidad en el tiempo, imprimiéndoles en las diversas épocas de su vida cierta analogía de euritmia moral que no tienen las modernas de nuestro país, que si no carecen de tradición, la que tuvieren ha de haber sido en parte interrumpida o cuando menos adormecida por esta inmensa ola humana que en quince años, puede decirse, que ha inundado al país. Habría, pues, que restablecer la continuidad entre los del pasado y los actuales que el brusco y saludable contacto con Europa parece haber cortado amenazando quitarnos la fisonomía nacional. Felizmente el medio es vigoroso, y el plasma germinativo, conservador. Bastaría ayudarlo un poco con una educación nacional atinada y estable; limpiar el molde donde ha de darse forma a las tendencias que deberán fijar el temperamento nacional.

Ya he dicho antes que la multitud dinámica no tiene aquí tendencia a formarse fácilmente. Sea porque no se la abandone a su natural espontaneidad o porque el grupo se sustituye a su voluntad lo cierto es que cuando se organiza carece del temperamento nervioso que mueve y hace eficaces y temibles en el mecanismo político a las multitudes europeas. Pocas veces tiene esa impulsibilidad que es otro de los caracteres de ésta, ni los irresistibles transportes histéricos, y a veces maníacos, que daba a las de la emancipación y aun a las de la anarquía el incontrastable empuje de la vida. Mientras carezca de motores morales, que son los que, según Moltke, dan vigor a los ejércitos, será siempre tímida y linfática, se moverá con apariencias teatrales, inundará las plazas con estrépito y audacias de coros preparados, pero un grito agudo, un soldado airado, el presentimiento del peligro inmediato o la súbita inoculación del terror que fulmina, la disolverá en medio de la desilusión de los paratatos y corifeos que la organicen.

Por lo que respecta a la estática, no se la ve por ahora conmovida o airada sino cuando se trata de impuestos o de estancos: y eso pocas veces, porque no siente sino los agudos pinchazos de la patente abusiva o de la contribución triplicada; no piensa sino cuando un interés material la empuja a la plaza pública, y va muy pocas veces al comicio, puesto que ¡en 1895 no hubo inscripción nacional por falta de concurrentes! ¿Queréis un síntoma más evidente de la ausencia de la multitud política? ¿Será que el bienestar físico, inalterable, mantiénela en cierta soñolencia invernal de que no quiere salir? Verosímilmente.

En 1893 se sintió sacudida por la voz de aquel tribuno inolvidable, que amenazaba con su mano romper el badajo de la histórica campana, tal era la violencia implacable con que la hacía temblar. Concurrió, porque despierta y un poco excitada, es como los niños y los monos, curiosa y entrometida; como las mujeres desocupadas y las plumas, amiga de los escándalos y de los motines callejeros. Iba y venía, al parecer fascinada por aquella palabra que todos oíamos con cariño y con respeto, porque era sincera y una obsesión patriótica, tal vez equívoca, puesto que encerraba una falsa noción del gobierno, dábale un calor y una lumbre que seducía el alma indiferente de las turbas arteras. Lo llevaban en brazos al Parlamento y lo sacaban entre laureles y vítores, para pasearlo como símbolo por la calle ya estrecha de la gran ciudad, rudamente agitada por el terrible ataque de nervios. La revolución estaba hecha por su mano, y lo peor era que brotaba del gobierno mismo; la multitud había dominado al congreso, por el órgano de aquella hinoptización verbal irresistible, entraba a la casa de gobierno y salía de ella, se sentaba en las mesas, prendía el cigarro en las lámparas de los ministerios, y, de cuando en cuando, hundía la mirada por entre las rejas de la tesorería, para aspirar el perfume capitoso de tantos millones rescatados.

Una expectativa extraordinaria tenía a todas las provincias pendientes de tan fuerte agitación; oían en la silenciosa penumbra, rumores de batalla, gritos de furor, «lenguas diversas, hórridas querellas» en son de ira *risonaban per l'aer senza stelle*, como dijera el poeta en presencia del eterno dolor... Los más encumbrados consulares, comenzaban a acariciar la idea de la fuga silenciosa... cuando de repente óyense rumores de pasos firmes y resueltos que parecían trancos más bien, porque se anunciaban de lejos y asentaban la planta con brío y confianza sobre el largo tramo que separa la capital de las provincias del norte. Un vago sentimiento de disciplina se difunde en el corazón de la muchedumbre y el presentimiento de la derrota principia

182

a ralear sus filas. El terrible apletogeneta aparece entre las brumas de una madrugada de agosto y *¡quos ego! sed motos praestad componere fluctus*. Su alta estatura se diseña y las miradas de la multitud dirígense hacia «la popular cabeza leonina» cuyo enérgico y generoso perfil asoma. De su labio brota la verba impetuosa y la carta lapidaria de marras, llena de elocuencia y de aquella seguridad en la afirmación, que, según Challemel-Lacour, hacía irresistibles los argumentos de Víctor Cousin, desarma la arrogante figura del tribuno de la popular pasión...

Del Valle era la antítesis de Pellegrini. Se presentaba como el tipo del genuino acaudillador destinado a verificar grandes agitaciones con el instrumento dócil de las multitudes que le seguirían domesticadas por la palabra. No parecía hombre de gobierno seguramente, porque le faltaba templanza en el sentimiento y le sobraba calor para el manejo discreto de las pasiones que informaban todos sus actos. Surgido en su cerebro el propósito, más bien como una chispa o una impulsión, que como un pensamiento, las facultades críticas quedaban abolidas por el ardor y la agresión expansiva de aquéllas. Podía decirse que en el espíritu de Del Valle la región del sentimiento estaba demasiado cerca de la inteligencia; sus fronteras se confundían y ambas derramaban sus limpios manantiales en esa concepción romántica que tenía el gobierno de los Estados. Inmediatamente que brotaba una idea, sin dar tiempo a que la reflexión la madurara, se apoderaba de ella el sentimiento, y con el cálido esfuerzo de su sensibilidad vibrante, echábase la venda a los ojos y la convertía en pasión; pasión implacable, pasión honda y nutrida de esa savia abundante que da la inclemencia robusta de un fanatismo, sin duda alguna honrado y vividero. Del Valle murió víctima de su propio temperamento: no se vive impunemente veinte años en un solo día, gastando todos los jugos en una sola idea. Género simpático de Palissy fracasado, echaba al horno toda la savia de la vida persiguiendo la estatua de un gobierno exótico al medio en que quería cimentarlo: era un bronce demasiado pesado para el basamento de arenisca, aún primitivo, en que reposan nuestras instituciones, todavía oliendo a aldea y a pulpería.

Tenía los instintos y las visiones teóricas de Alberdi: su incompleta sensación del temperamento político de nuestro país actual, pero sin las fobias provincialistas, obsesivas del autor de las Bases, que vivió intoxicado por los miasmas parricidas del terruño. Como era valiente e impulsivo, faltábale esa cautelosa prudencia que el miedo pueril daba a la femenil estructura de Figarillo y que lo mantuvo dentro de la propaganda escrita y platónica, sin llegar al terreno de la acción, que lo hubiera hecho fracasar en el ridículo. Del Valle participaba del sentimiento de la nacionalidad en la amplitud elevada y generosa de Pellegrini, pero había concebido una nación inverosímil aún, de alma romana y europea pura, sin haber echado en el molde de su fundición ideal, el elemento frágil y los metales de poca luz, con que concurren los hábitos políticos tradicionales de una buena parte de las provincias. Era, en suma y en todo, un ejemplo hermoso de ese meridional caluroso, que ha pintado Daudet en páginas, no muchas, pero sí brillantes, de su novela ya célebre.

Los dos hombres destinados a chocar en la lucha porque acabábamos de atravesar y en muchas otras, por que fueron estructuralmente antagónicos a pesar de su sincera amistad personal, eran, el uno, un creyente convencido de la eficacia de las multitudes en el gobierno y dirección de los Estados; pensaba que su talento había menester de ese instrumento infiel para labrar la obra de sus violentas y radicales reformas, y embriagado en el culto que le tributaba la infiel hetaira, veíasele afanoso, y a la vez injusto, entregando a valeidades de la turba las reputaciones, los galones, el congreso y las provincias; las doradas palmas de los entorchados irritaban la soberbia altivez de su alma. Demasiado sincero para ser precavido, ignoraba que al día siguiente de su caída, el fanatismo pueril y antojadizo de su devota acalorada, se trocaría en silencio y tal vez en indiferencia; y que hasta el eco imperecedero que aún nos llena el alma con el recuerdo de su patética desaparición, comenzaría pronto a borrarse de la memoria amorfa de esa beata veleidosa, que besa con mordiscones y adora con las impuras efervescencias del celo.

El otro, un interesante incrédulo de los prodigios de las turbas como elemento de gobierno, lleno de ese volterianismo político que fija con viveza los contornos de las cosas y aleja las tentativas de la ilusión que se empeña en deformarlas. De una sensibilidad exquisita para obtener la verdadera sensación de los hechos, sabe percibirlos como por una especie de telepatía política, cuando todavía la de los otros, ni la más leve sospecha tiene siquiera. Como buen hijo del litoral, posee en el alma el hábito de la mirada marítima, «siempre tendida para buscar y ver mejor en los extremos límites del horizonte, más allá del círculo visible». Muchos creen que Pellegrini es el hombre de las impremeditaciones, de los arranques reflejos y de las imprudencias de temperamento. ¡Grave error! Produce esa impresión porque es esencialmente actuante e iniciador; legisla y ejecuta, es pensamiento y acción al mismo tiempo. Una premeditación tranquila sin embargo, un juicio sereno, pero rapidísimo preside a menudo, a los efectos más súbitos y de más bruscas apariencias, como las violentas composiciones de Rubens y de aquel gesticulante de Van Noort: *la brosse est aussi calme que l'âme est chaude et l'esprit prompt à s'elancer*. Las impresiones más vivas no pasan en él como en los impulsivos directamente a los aparatos motores sino que reciben en las facultades reductoras el saludable control que transforma el ímpetu y reduce la vivacidad de la imagen a sus proporciones verdaderas. Si no fuera así ¿creéis que Pellegrini triunfaría siempre, como triunfa, con solo impulsos y temperamento? Cuando la sensación baja transformada en volición a los órganos que ejecutan, al brazo o a los labios, ya se ha verificado el contacto fecundo de la reflexión y del razonamiento, que son funciones de elaboración. En él suele haber, en efecto, algo de lo que dice Paulhan que existe en la espontaneidad de la invención: algo de libre, de imprevisto y fulgurante, si se quiere algo de *heurté* para designarlo con el vocablo que emplea el maestro; pero también de vividero y fecundo, que contrasta mucho con la regularidad, la monotonía y la apariencia cristalizada de las ideas comunes, de los sentimientos y teorías impuestas por la superstición y la costumbre. No le importa chocar contra las convenciones corrientes o la sagrada preocupación, si ese choque le lleva directamente a algún propósito salvador. Tiene ojos en los dedos ha dicho alguien; y en efecto, tantea y percibe las cosas como si los tuviere; diríase que dispone de aquella dotación providencial de tentáculos exquisitos que son el ojo seguro de los organismos todo visión y tacto. En los asuntos de la política y del gobierno es un clínico, más que un sabio, aunque tenga envergadura de tal, que aplica con maravilloso acierto la terapéutica sin olvidar el temperamento y la idiosincrasia de sus enfermos: a la cabecera del paciente, las ilusiones sobre aplicaciones imprudentes de que se apasionan los neófitos quedan en los bolsones de su carruaje. Él sabe que cada país, como cada individuo, tiene su estómago à lui y que lo que es bueno para un vecino resulta indigesto para otro. Por eso se le cree a veces empírico; y lo será, sin duda, pero como los prácticos geniales que, sin embargo, acertarán más por ojo que por libros, como diría el inolvidable físico don Martín en sus curiosas disquisiciones de semiótica sublime; por eso también en achaques de finanzas nacionales se le advierte en ocasiones exótico y contradictorio con los manuales corrientes. Los financistas del libro dicen que, en economía política, Pellegrini no sabe bacteriología; es decir, ignora la alta teoría, la fina etiología financiera. Será, pero así y todo, él cura y como de eso se trata, resulta siempre un éxito. Por ciertas peculiaridades de organización moral, esta particularísima estructura de político y hombre de Estado argentino, debe recoger todas las pequeñas impresiones del conjunto, adquirir el vago, pero seguro sentimiento sintético de la personalidad nacional, como nadie lo ha podido hacer todavía, y por algún tejido sensible, aferente del órgano de la suprema elaboración, obtener la cumplida conciencia de su funcionamiento, de sus menores necesidades, de sus capacidades complejas y de toda la pequeña inervación, en fin, que distribuye el fluido de la vida y el calor del sentimiento en todos los nuevos organismos. Ese es, en parte, el secreto de los éxitos inesperados con que suele sorprendernos; tanto más inesperados cuanto que el grito atiplado y monótono de los augures de la prensa no ha cesado un momento de anunciarnos el más ruidoso fracaso bajo la fe del supuesto gualicho que les permite adivinarlo todo. Es curioso cómo se alborota la *plebe de aureus* burgueses y el tímido conservatismo de los mediocres, cuando el atleta, vibrante el acerado brazo, echa al hombro las mangas para lanzarse en la audaz innovación. ¡Qué olímpico desprecio el suyo! ¡Qué varonil despreocupación! ¡Qué sana confianza en la diáfana pureza de sus intenciones, insospechables para los que llevamos el alma siempre libre de las tentaciones de la calumnia! Eso que llamamos instintos, inspiraciones, impulsos en estos espíritus elevados debe ser, sin duda, el resultado de fenómenos psíquicos que se elaboran en el campo subconsciente de los centros oscuros de la base, que también toman parte en las funciones psíquicas, y que después de haber atravesado fases de decreciente indistinción, como diría el lenguaje un poco abrupto de la escuela, van a los centros superiores a convertirse en ideas, sentimientos o voliciones, que si bien tienen cierto carácter de fulgurante espontaneidad, no salen menos intelectualizados y con el sello de reflexiva aunque súbita y completa elaboración.

De otra manera, los actos más trascendentales de su vida pública no tendrían ese sello de madurez que los caracteriza, sino la *touche* fosforescente y efímera del capricho más o menos irritable del histérico. Moralmente, es un apasionado sereno, con las dulzuras viriles de los hombres equilibrados; detrás de ese cuerpo que recuerda el de Kleber y de Pedro el Grande, de esa cara a veces engestada y áspera, circulan raudales de ternura que se ven surgir como el hilo robusto del agua transparente, al lado de la tumba de un compañero de infancia remota o en el hogar atribulado de un amigo. Bello contraste que inunda el alma, con esa amable sensación de la belleza sana que invita a vivir. El áspero camino se hace así tolerable, y hasta bello, cuando uno interroga la dura piedra y nota que ella también tiene su música como el resto de la naturaleza.

Entre los dos había, pues, fundamentales diferencias de estructura y de escuela política. El primero amaba a las multitudes y creía en su eficiencia, como ya dejo dicho; el segundo, las excluye del gobierno, dejándolas, respetuoso, su papel en la dinámica política. Del Valle era partidario de algo así como la doctrina de Cuvier aplicada a la política, para la implantación de sus soñadas reformas. Pensaba que en el mundo moral sucede lo que según el ilustre autor del *Discours sur les Révolutions du Globe*, habría pasado en el mundo físico: que la transformación radical que vemos hoy, había sido producida por bruscas revoluciones, por súbitos cambios de decoración como quien dice. Detrás de esa palabra fluente y calurosa y bajo el reposado perfil del ministro, despertaba con demasiada frecuencia el jacobino, como en el alma de Bonaparte emperador, la Francia revolucionaria, bajo el manto de abejas de oro y por entre las puntas de aquellas frases osadas que lanzara al rostro de los soberanos, aun después de la paz de Tilsitt. Y se irritaba, cuando la masa poco serosa de nuestras costumbres y malos hábitos, no cedía a la deformación precipitada que le imprimía su esteco convulsivo. Pero, what's done cannot be undone, como decía el poeta, y menos en tan breve lapso.

Pellegrini es menos imaginativo, pero doblemente eficaz; parécele que el tiempo es más seguro agente que la multitud, fuera de su papel elemental.

Las causas lentas que proclamara Lyell, es su tipo; la acción constante de los ríos, el imperceptible movimiento de suave basculación de los terrenos, el manso torrente, la lluvia y la actividad de la atmósfera, su instrumento más adecuado; fenómenos múltiples, que a cada instante podemos observar y que se hacen considerables cuando sus causas obran sin interrupción durante años o siglos, explican mejor con su lento batallar, la conformación actual de la superficie terrestre, que ese trágico desfile de cataclismos que la imaginación vibrante de Cuvier había inventado. Si el tiempo, que es la lenta evolución, ha alterado el universo, secado los mares, levantado la tierra, hundido las montañas y hasta probablemente transformado al mono en hombre, ¿no podrá en sentido más restringido y relativamente fácil alterar las costumbres y modificar las instituciones? La nacionalidad se va formando por el lento acarreo de elementos políticos, sociales y económicos de todo el mundo, el molde preparado de este medio peculiar, en el que ya había un plasma germinativo, que la irá diseñando. Lo que conviene es favorecer esa sedimentación y no contrariarla por bruscos e inusitados declives. La nacionalidad o lo que Maurice Spronk llama el nacionalismo, no se indica en Francia sino bajo el reinado de Enrique IV. Se afirma de una manera vigorosa durante la Revolución Francesa, de donde sale por el choque y el roce violento de esas multitudes bulliciosas y sanguinarias para difundirse por toda Europa con las guerras de la república y del imperio, que despiertan ese sentimiento en otros países donde apenas existía. Lo propio ha sucedido entre nosotros con la Revolución de la Independencia, y las multitudes que de ella surgieron fueron la *amorce* de ese sentimiento, que es un instinto como el materno y el alimenticio más bien, en toda la organización política en su principio.

En nuestra biología política, la multitud moderna (dinámica), no ha comenzado aún su verdadera función. Es todavía una larva que evoluciona, o mejor que eso, un embrión que parece mantenerse al estado estático, esperando la oportunidad de sus transformaciones. Como he dicho ya, no hay propiamente multitudes políticas (salvo excepciones muy contadas y conocidas), porque entre otras razones, no existe la calurosa pasión de un sentimiento político, el amor de una bandera a que esté ligado el bienestar de la vida, el odio sectario, la rabia de clase o de casta. Como aún no se le

188

deja libremente formarse o no existen problemas que apasionen y determinen su constitución, las que solemos ver por las calles, más que multitudes, son agrupaciones artificiales, compuestas de operarios sin entusiasmo, llevados por sus patrones en esas comedias socialistas que suelen representar empresarios imprudentes; dependientes, jornaleros en quienes la amenaza de perder sus modestos empleos, puede más que el calor de un entusiasmo que no sienten. Todos ellos no pesan en el comicio, de donde procede la fuerza que obligó a la vieja Inglaterra a transformarse sin revoluciones ni cataclismos. Disuelta una manifestación, como nosotros llamamos a esas reuniones abigarradas de virtuosos de la cuota, aspirantes sin erecciones y músicos fatigados, muchos de sus componentes van a votar contra lo que han aclamado, o a calentar con su presencia y sus gritos el entusiasmo del adversario que han vilipendiado en las reuniones de la víspera.

En el curso de estos últimos veinticinco años solo hemos observado manifestación de multitudes: el año 1874 —multitudes políticas que van a la revolución—, luego las de la conciliación y, finalmente, la del año 1880, en que todo Buenos Aires, enardecido, se constituye en multitud dinámica: el viejo valetudinario, los niños sin fuerzas, los vegetativos inconmovibles, se lanzan a la calle en manifestación, en batallones y en sociedades de tiro para despertar a las cuarenta y ocho horas en el fragor de la batalla en el Puente Alsina, en Barracas y en los Corrales. Luego el año 1890 vuelve Buenos Aires de nuevo a ser multitud. Cierto misticismo político de sabor franciscano, por la sublimación grotesca de la pobreza en su forma más haraposa, imprime después a esas masas un carácter peculiar de lucha social: son los pobres, los humildes, los iluminados de abajo que buscan aprovechar en río revuelto las oportunidades que en las épocas normales no aparecen. Pero luego vuelve el silencio de muerte a reinar en el colectivo organismo y la vida vegetativa e indiferente tiende su manto sobre toda la república.

En la actualidad no hay hambre, no hay odios engendrados por la miseria; no hay todavía obreros sin trabajo y familias sin lumbre y sin calor en el invierno. En esto soy tal vez un poco optimista, para los pesimistas que generalizan uno o dos casos de la clínica social. Podrá haber algunos que vivan míseramente, pero no existe aún la epidemia de la miseria, que es lo que le da su personalidad colectiva de plaga permanente y de fenómeno social ponderable. Es cierto también que todos esos atorrantes: alcoholistas, vagos y haraganes que pueblan las comisarías, son, diré así, los batidores de la miseria, aves errantes de mar, que anuncian la tierra remota. Pero, aún hay que andar, para que esta ciudad se sienta irritada por el diente de esa desgracia.

Si el cuerpo está satisfecho y el alma despreocupada bajo la tutela del grupo, la sensual histerota, esa multitud dinámica que hacía temblar a Disraeli y a Salisbury en su silla ministerial, no se organiza porque no tiene función. Y si lo hiciera, carecería de la orientación que da la pasión del itinerario moral propio y no sugerido, que fija una idea fuerza cuando la congrega y le imprime su carácter de relativa permanencia.

También es cierto, que en este gris achatamiento político e intelectual en que vive, con ese corte fenicio que va tomando la sociedad metropolitana, el corazón se halla oprimido por el estómago y el cerebro por los intestinos: esta ciudad tiene demasiado hígado todavía para que pueda dar cabida a un ideal; temo que el día que la plebe tenga hambre, la multitud socialista que se organice, sea implacable y los *meneurs* que la dirijan representen el acabado ejemplar de esa canalla virulenta que lo contamina todo.

Tal es, pues, la psicología de las multitudes argentinas desde que en el Virreinato surge el primer esfuerzo anónimo para protestar contra la opresión.

Esta misma multitud moderna con todos los caracteres peculiares que parecen alejarla de aquélla, es parte del todo, tanto como la primera que se organizó en La Paz.

Libros a la carta

A la carta es un servicio especializado para

empresas,

librerías,

bibliotecas,

editoriales

y centros de enseñanza;

y permite confeccionar libros que, por su formato y concepción, sirven a los propósitos más específicos de estas instituciones.

Las empresas nos encargan ediciones personalizadas para marketing editorial o para regalos institucionales. Y los interesados solicitan, a título personal, ediciones antiguas, o no disponibles en el mercado; y las acompañan con notas y comentarios críticos.

Las ediciones tienen como apoyo un libro de estilo con todo tipo de referencias sobre los criterios de tratamiento tipográfico aplicados a nuestros libros que puede ser consultado en Linkgua-ediciones.com.

Linkgua edita por encargo diferentes versiones de una misma obra con distintos tratamientos ortotipográficos (actualizaciones de carácter divulgativo de un clásico, o versiones estrictamente fieles a la edición original de referencia).

Este servicio de ediciones a la carta le permitirá, si usted se dedica a la enseñanza, tener una forma de hacer pública su interpretación de un texto y, sobre una versión digitalizada «base», usted podrá introducir interpretaciones del texto fuente. Es un tópico que los profesores denuncien en clase los desmanes de una edición, o vayan comentando errores de interpretación de un texto y esta es una solución útil a esa necesidad del mundo académico.

Asimismo publicamos de manera sistemática, en un mismo catálogo, tesis doctorales y actas de congresos académicos, que son distribuidas a través de nuestra Web.

El servicio de «Libros a la carta» funciona de dos formas.

1. Tenemos un fondo de libros digitalizados que usted puede personalizar en tiradas de al menos cinco ejemplares. Estas personalizaciones pueden ser de todo tipo: añadir notas de clase para uso de un grupo de estudiantes,

introducir logos corporativos para uso con fines de marketing empresarial, etc. etc.

2. Buscamos libros descatalogados de otras editoriales y los reeditamos en tiradas cortas a petición de un cliente.